世界文化鉴赏系列
★★★

世界摩托车鉴赏

（珍藏版）

《深度文化》编委会◎编著

清华大学出版社
北京

内 容 简 介

　　本书是一本介绍摩托车的科普书籍，书中精心收录了世界各国摩托车制造商推出的 170 余款极具代表性的车型，其中以在售车型为主，同时也有部分已经停产的经典车型。每款车型都详细介绍了其制造厂商、上市时间、官方指导价、外观设计、车体构造、综合性能等内容，并配有精致美观的图片和详细的参数表格，为读者全面展示了每款车型的详细信息。

　　本书体例科学，讲解透彻，图片美观，适合摩托车用户、收藏家、技术研发人员、骑行爱好者、摩托车维修人员、潜在购买者等读者阅读。此外，本书也可作为各大工科院校相关专业的教学辅助用书。

图书在版编目 (CIP) 数据

世界摩托车鉴赏 : 珍藏版 /《深度文化》编委会编

著 . -- 北京 : 清华大学出版社 , 2024. 9. -- (世界文

化鉴赏系列). -- ISBN 978-7-302-67056-8

　　Ⅰ . U483

中国国家版本馆 CIP 数据核字第 2024RF8285 号

责任编辑：李玉萍
封面设计：王晓武
责任校对：张彦彬
责任印制：宋　林

出版发行：清华大学出版社
　　网　　　址：https://www.tup.com.cn，https://www.wqxuetang.com
　　地　　　址：北京清华大学学研大厦 A 座　　邮　　编：100084
　　社 总 机：010-83470000　　　　　　　　邮　　购：010-62786544
　　投稿与读者服务：010-62776969，c-service@tup.tsinghua.edu.cn
　　质 量 反 馈：010-62772015，zhiliang@tup.tsinghua.edu.cn
印 装 者：涿州汇美亿浓印刷有限公司
经　　销：全国新华书店
开　　本：146mm×210mm　　　印　　张：9.5　　字　　数：365 千字
版　　次：2024 年 9 月第 1 版　　　印　　次：2024 年 9 月第 1 次印刷
定　　价：65.00 元

产品编号：103013-01

前 言

　　摩托车一直都是自由、旅行、冒险和乐趣的代名词。对人来说，摩托车有着多重意义。摩托车是一种便捷的交通工具，可以帮助人们快速地穿梭于城市道路之间或者到郊区旅行。与汽车相比，摩托车更容易穿过交通拥堵的路段，也更容易找到停车位，是一种非常实用的交通工具。

　　摩托车不仅可以作为一种交通工具，而且可以作为一种娱乐工具。很多人喜欢驾驶摩托车享受自由和刺激的快感，或者是参加摩托车旅行和露营活动。因此，摩托车也可以成为一种社交工具，让人们在共同的兴趣爱好中建立友好关系。同时，摩托车运动也是一项受欢迎的竞技运动，包括摩托车越野、赛道赛车和特技表演等。这些运动不仅对选手来说极具挑战性，吸引了大量的观众和粉丝，也为相关产业带来了商机和经济效益。

　　摩托车还具有不可忽视的经济作用。摩托车制造业和销售业是一个庞大的产业链，其中涉及制造、销售、维修和零部件供应等多个环节。摩托车的生产和销售也为国家和地区的经济发展作出了不小的贡献。

　　本书共分为5章，第1章详细介绍了摩托车的历史、分类、构造等知识，第2章至第5章分别介绍了欧洲品牌摩托车、美国品牌摩托车、日本品牌摩托车、中国品牌摩托车。每款车型都详细介绍了制造厂商、上市时间、官方指导价、外观设计、车体构造、综合性能等知识，并配有精致美观的图片。通过阅读本书，读者可以深入了解摩托车的发展历程，并全面认识不同国家、不同品牌、不同类型的摩托车，熟悉它们的设计风格。

　　本书编写团队拥有丰富的科普图书写作经验，并已出版了数十种畅销全国的图书作品。与同类图书相比，本书具有科学简明的体例、丰富精美的图片和清新大气的装帧设计。

　　本书由《深度文化》编委会组织编写，参与编写的人员有丁念阳、阳晓瑜、陈利华、高丽秋、龚川、何海涛、贺强、胡姝婷、黄启华、黎安芝、黎琪、黎绍文、卢刚、罗于华等。对于广大摩托车爱好者以及有意了解摩托车知识的青少年来说，本书不失为一本极具价值的科普读物。希望读者能够通过阅读本书，循序渐进地提高自己的摩托车知识水平。

　　由于作者知识水平有限，本书难免存在疏漏之处，敬请广大读者批评指正。

目　录

第 3 章 美国品牌摩托车 169

第4章 日本品牌摩托车

第 5 章 中国品牌摩托车   271

第1章　摩托车简述

　　摩托车是一种两轮或三轮的机动车辆，通常装载一台发动机，配备一个或两个座位。它们可以使用燃油或电力作为动力源。摩托车具有操纵简单、行动方便、价格友好的特点，因而在日常生活、运输、治安维护、军事中被广泛使用。摩托车通常比汽车更灵活，可以轻松地穿过拥挤的城市道路，也可以在山路、沙漠和其他复杂地形中行驶。

摩托车的历史

在车辆历史上，自行车最先出现，之后便是摩托车。第一款面向市场的摩托车是 1884 年英国人爱德华·巴特勒设计的三轮摩托车。这款摩托车由一台 600cc 水冷四冲程发动机驱动，并由梅里韦瑟消防车辆制造公司生产。由于巴特勒没有足够的资金，这款摩托车最终没有取得成功。

另一款使用内燃机的摩托车是 1885 年由德国发明家戈特利布·戴姆勒和威廉·迈巴赫设计制造的戴姆勒摩托车。这款摩托车相当于将一台四冲程汽油发动机装在木制的两轮车上，其转向原理与当时的自行车截然不同。但这款"摩托车"并非用于实际驾驶，而是作为两人研制内燃机的载体。

戴姆勒摩托车的复制品

不过，在上述两款摩托车发明之前，还有多款使用蒸汽发动机的摩托车、电动摩托车及使用柴油发动机的两轮车。如果将这三类车辆也算作摩托车，则第一辆摩托车应为 1769 年由法国人尼古拉斯·古诺制造的使用蒸汽发动机的摩托车。

1894 年，第一款公开发售的摩托车在德国面世，并首次被称为"Motorrad"（德语为"摩托车"）。1896 年，英国制造商埃克塞尔西奥开始制造一款自行研发的摩托车。

在摩托车发展的早期，不少自行车制造商都尝试过改造自家的自行车设计，以便装上内燃机。随着发动机功率的增加及自行车设计的改变，摩托车制造商数量激增。同时，19 世纪研制摩托车的很多人士，如戈特利布·戴姆勒、威廉·迈巴赫，也都开始研制汽车。

1903 年，美国摩托车制造商哈雷·戴维森贸易有限公司成立，并开始制造摩托车。直到第一次世界大战（以下简称"一战"）前夕，世界上最大的摩托车制造商一直是美国印第安公司，其每年生产的摩托车超过20000 辆。

一战期间，摩托车在前线通信上作用极大，欧洲各国军方对摩托车的需求增大，因此摩托车产量再次激增。战场上的情报员逐渐从骑马转为骑摩托车。美国哈雷·戴维森公司生产的摩托车中，有 50% 为战需品。英国凯旋公司在战争期间向协约国售出超过 30000 辆 H 型摩托车。H 型摩托车搭载一台 499cc 风冷单缸四冲程发动机，后轮由皮带带动，这也是凯旋公司第一款不使用自行车踏板的摩托车。H 型摩托车通常被认为是第一款现代摩托车。

到了 1920 年，哈雷·戴维森已成为世界上最大的摩托车制造商，其制造的摩托车远销数十个国家。20 世纪 20 年代末至 20 世纪 30 年代，德国小奇迹公司取代哈雷·戴维森成为世界最大的摩托车制造商。

20 世纪 50 年代，流线型设计在赛事摩托车行业中异军突起，具有大型整流罩的摩托车成为当时摩托车设计的一大特点，其中德国 NSU 和意大利莫托古兹两家公司成为流线型摩托车的领导者。NSU 公司的先进设计最多，但 4 名 NSU 赛车手在 1954—1956 年世界摩托车锦标赛中先后丧生，NSU 公司便停止了此类摩托车的设计，并且不再参加世界摩托车锦标赛。1958 年，国际摩托车运动联合会（FIM）以安全为由，禁止选手在比赛中使用全包围型整流罩的摩托车。

1955 年世界摩托车锦标赛 250cc 级摩托车比赛冠军——NSU Sportmax

　　20 世纪 50 年代，德国人沃尔特·卡登对二冲程发动机的研发做出了重要贡献。之后，装载二冲程发动机的摩托车开始在世界范围内流行起来。20 世纪 70 年代，摩托车开始采用电子点火技术、盘式制动器、流线型车体护板等。20 世纪 90 年代，摩托车开始采用尾气净化技术、ABS 防抱死制动装置等，使其成为造型美观、性能优越、使用方便、灵活快速的机动车辆，更成为人类现代文明的重要标志之一。尤其是很多大排量豪华型摩托车，已经把当今汽车的不少先进技术移植到摩托车上，使摩托车的制造技术更进一步。

意大利杜卡迪揽途 V4 探险车

　　日本的摩托车制造业可以追溯到 1940 年由本田公司生产的"本田 A 型"机动脚踏车。1948 年，本田公司正式开始生产摩托车。20 世纪 50 年代，日本摩托车制造业蓬勃发展，百余家公司争奇斗艳，但这些公司制造的摩托车基本上是仿造欧洲公司的摩托车。后来，各家公司逐渐发展出各自的风格，其中本田、雅马哈、川崎、铃木四家公司逐渐在日本摩托车制造业中占据主导地位。这四家公司制造的摩托车远销欧美、东南亚，逐渐使日本成为世界摩托车制造业的中心。直到现在，日本摩托车出口量依旧位居世界前列。

日本铃木 GSX1300R 隼跑车

　　中国制造的第一批摩托车，是 1951 年由北京第六汽车制配厂制造的"井冈山"品牌摩托车。这款摩托车仿造自德国迅达普 K500 摩托车，使用双缸对置型四冲程风冷式发动机。改革开放后，国内涌现出大量的摩托车厂商，但多为合资企业，其中与日本厂商合资的企业居多（如豪爵铃木、五羊本田、重庆建设·雅马哈）。目前，中国是摩托车生产数量较多的国家之一。

摩托车的分类

各国法律对摩托车的分类方式多以其排量、最高速度为标准。若根据摩托车的用途及外观分类，大致可分为以下几种。

街车

街车是一款在城市道路上日常驾驶的摩托车，较注重实用性和可操控性。在外观设计上，街车多装备一体式座椅和较高的把手，使驾驶姿势更加自然。车头用于整流的风镜相对少见，面积相对较小，部分款式甚至无车头整流装备。街车的零部件常常裸露在外，因此在日本称为"Naked"（裸露的）。街车也有运动性能较强的款式，由于在高速行驶时风阻较大，驾驶者会感到较为不适。

KTM 1290 超级公爵街车

跑车

跑车又称"仿赛""趴赛"，是一款在道路上拥有较高的最大速度、加速度、制动性能、转弯性能的摩托车，其耐用度、环保性、驾驶舒适性低于街车。在外观设计上，跑车大多装有面积较大的车壳车头风镜。为减小风阻以增加速度，跑车驾驶者需将身体向前倾，或是完全靠在油箱上。一些摩托车赛事使用经过改装的跑车比赛，如世界超级摩托车锦标赛（SBK）、美国超级越野摩托车冠军赛（Supercross Championship）。

阿普利亚 RS 660 跑车

旅行车

旅行车是一款专门为长途旅行和探险而设计的摩托车。它通常具有以下特点：为了满足长途旅行的需求，配备了高性能发动机，以提供充足的动力和驾驶乐趣；为了提高空间舒适度，配备了宽大的座椅和储物箱；采用适于公路行驶的轮胎，以提供更好的稳定性和舒适性；配备大容量油箱，以增加续航时间；可以采用直立的骑乘姿势，以减轻长时间骑行时的疲劳感。

本田金翼 GL1800 旅行车

巡航车

巡航车是指 20 世纪 30 年代起源于美国的一款排量较大、重量较大的摩托车。巡航车通常把手较高、踏板靠前，驾驶者需要将手和脚向前伸，同时后背直立。巡航车最具代表性的品牌为哈雷·戴维森。美国新闻界常将此类摩托车称为"地狱使者"（Hell Angels）、"奔雷者"（Thunder Runners）。20 世纪 80 年代，巡航车被引入日本，多家厂商开始制造巡航车，并出口至世界各地。日本的部分摩托车制造商将巡航车进行了改造，改为排量较小、造价便宜的款式，这种摩托车在东南亚地区很受欢迎。

哈雷·戴维森肥仔巡航车

越野车

越野车是指可在各种地形上行驶的摩托车，可细分为场地越野车、林道越野车、长距离越野车、障碍攀爬越野车、越野滑胎车 5 种。越野车通常较轻，设备较少，具有较长的减震行程、较高的离地间距，轮胎常使用抓地力较大的深花纹轮胎。发动机排量较小，但由于车身轻便，故其加速度较大，同时对低速扭矩要求较高。

探险车

探险车的英文名称为 Adventure motorcycle，Adventure 意为探险、探险活动。这种摩托车通常具有高大的机身、高耸的侧置排气管和较大的辐条轮毂，同时装载低扭、强劲的发动机，让驾驶者在跋山涉水的旅行中感到舒适自然，不易疲劳。与拉力车相比，探险车具有更好的减震效果、更舒适的坐垫、更强劲的动力以及更大容量的油箱。与街车和跑车相比，探险车拥有非常优秀的烂路通过性能。

多功能车

多功能车是一款可以同时在道路和野外（非铺装地面）骑行的摩托车。19 世纪末至 20 世纪初，当摩托化自行车首次出现时，很多地方都没有公路，所以当时的摩托车都被视为多功能车。1990 年，铃木推出了铃木 DR350，并表示这是一款可以上牌照的越野摩托车。之后，人们便将能同时在市区公路和野外环境下行驶的摩托车称为多功能车。

踏板车

踏板车是一款拥有脚踏板的摩托车，其最大的特点是使用自动挡，传动系统通常为无级自动变速器（CVT）。踏板车最大的优点在于其所需的操控技术门槛较低，会骑自行车的人很快就能上手，大部分车型的座位底下设有置物箱，欧洲人喜欢在后方加装后置物箱以增加置物空间。踏板车的机动性高和成本低，因此在东南亚地区也是常见的代步工具。踏板车的缺点是使用 10 年左右，内部机器部件容易被损坏。

三轮车

三轮车是指拥有三个车轮的摩托车，普遍用于货运、客运。

边车

边车是一款在两轮摩托车的车身一侧加装一个搭乘者座位的摩托车，俗称"边三轮摩托车"。该车是二战时期德国、日本、苏联等国陆军使用的机械化交通运输工具，两人并排乘坐，一人为驾驶兵，另一人为射击兵。如今，边车常在陆军、巡警队中使用，以方便行动。边车也被用于照顾身心障碍人士中行动不便者，他们的摩托车通常会在车身一侧装一个边车。

复古车

复古车是一款模仿旧式摩托车风格而设计、制造的摩托车。

赛车

赛车又称工厂赛车，是一款摩托车制造商专门为比赛而特别生产的摩托车，其注重性能，但不注重耐用度及环保性，因此并不适合在一般道路上行驶。

摩托车的构造

摩托车主要由动力部分、传动部分、行驶部分、操纵部分和电力设备组成。

动力部分

动力部分主要由发动机、燃料供给及排气装置、润滑装置、冷却装置、点火装置组成。

发动机：将燃料的热能转化为机械能并产生动力，按活塞往返次数可分为二冲程发动机和四冲程发动机，按气缸数目可分为单缸发动机和多缸发动机，按燃料种类可分为汽油发动机、柴油发动机。发动机由汽缸、曲轴箱、活塞、连杆、曲轴、轴承、飞轮等组成。

燃料供给及排气装置：用于向发动机供给燃料并将废气排出，由油箱、油压总泵、燃料喷射装置、空气滤清器、化油器、排气管、消声器、触媒转换器等组成。

润滑装置：用于润滑车辆机件，减少磨损及燃料损失。

冷却装置：用于降低发动机温度，防止发动机过热，主要包括水冷、油冷、气冷三种冷却方式。

点火装置：用于启动发动机，有电容放电式点火（CDI）、压燃式点火两种。电容放电式点火系统由蓄电池、高压导线、点火线圈、火花塞等装备组成。

传动部分

传动部分由离合器、变速器、传动链条等组成。

离合器：用于接合或分离动力和传动装置。

变速器：用于将发动机动力传递给行驶装备，分为序列式半自动变速器（SMG）、无级自动变速器（CVT）、双离合变速器 (DCT) 三种。序列式半自动变速器由传动轴、齿轮、换挡拨叉等组成，无级自动变速器由普利珠、普利盘、传动皮带等组成，双离合变速器由分别负责 1、3、5 挡与 2、4、6 挡的两组离合器组成。

传动链条：用于将动力传送至车轮，直接带动车轮转动。

行驶部分

行驶部分由车架、前叉、减震器、轮胎组成。

车架：用于支撑车辆各组件及司乘人员。

前叉：上端与手把相连，下方安装前车轮，用于改变车辆的行进方向。前叉上装有减震器及刹车钢索，通常也装有挡泥板。

减震器：用于将车轮在不平路面上受到的冲击和震动减缓，以保证行车平稳及安全，由前后减震及发动机吊架组成。前减震通常使用液压减震器，后减震通常使用悬架式减震器，并设有后摇臂与后轮相连。

轮胎：直接与地面接触，用于车辆移动。

操纵部分

操纵部分由转向装置、变速装置、制动装置组成。

转向装置：即转向把，用于操纵车辆行驶方向。转向把上装有节流阀、后视镜、仪表盘、点火开关、前制动卡钳、离合器卡钳及各种电子设备开关。离合器卡钳通过钢索的拉紧和松开来操控离合器。

变速装置：又称三角台，位于车辆下部左侧或右侧，用于操纵变速器。

制动装置：用于对车辆实施制动，分为前制动及后制动，由碟盘、刹车油管、刹车片（来令片）、刹车鼓组成。前制动卡钳位于手把上，通过钢索的拉紧和松开来操控刹车片。后制动踏板位于车辆下部的左侧或右侧。

电力设备

摩托车上的电力设备较多，如点火装置、行车信号灯具、照明灯具、喇叭、仪表盘等。部分摩托车的不同行车模式调节器、移动电台、二次循环装备、ABS、防盗装置等也属于电力设备。

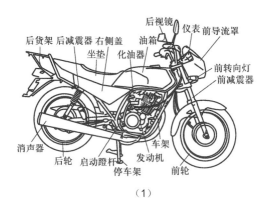

（1）

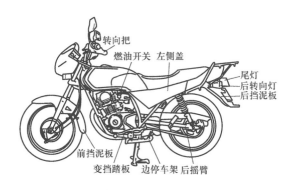

（2）

摩托车典型构造示意图

第2章 欧洲品牌摩托车

　　欧洲拥有许多著名的摩托车制造商，如宝马、杜卡迪、阿普利亚、凯旋、摩托古兹等，它们在摩托车制造领域拥有非常强大的实力和技术优势，其摩托车产品在全球范围内都备受欢迎。欧洲也是全球重要的摩托车展览和赛事的举办地，这些展览和赛事不仅促进了欧洲摩托车产业的发展，也吸引了全球众多摩托车爱好者的关注和参与。

阿普利亚 RSV4

阿普利亚 RSV4 是意大利阿普利亚公司设计制造的一款摩托车，于 2009 年开始量产，官方指导价为人民币 23.88 万至 24.88 万元。

阿普利亚 RSV4 的外观设计充满了运动感和科技感。它的双层整流罩内集成了空气动力学小翼，可以提高空气动力学效率，增加下压力，提升高

基本参数 (2022 年款欧洲版)	
上市时间	2022 年 5 月
类型	跑车
发动机	V 型四缸四冲程 1100cc
变速器	国际 6 挡
长 × 宽 × 高 (毫米)	2055×735×1165
座高	851 毫米
轴距	1435 毫米
整备重量	202 千克
最高车速	285 千米 / 时
主油箱容量	17.9 升

速稳定性。它的前灯组采用了日间行车灯，增加了视觉冲击力和安全性。它的尾部造型简洁而锐利，与前部形成了强烈的对比，突出了它的速度感和力量感。

阿普利亚 RSV4 搭载的发动机压缩比为 13.6∶1，使用 95 号汽油，在 13000 转 / 分时可爆发 159.5 千瓦的最大功率，在 10500 转 / 分时可释放 125 牛米的峰值扭矩，官方公布的平均油耗为 5.49 升 / 百公里。该车配备了先进的电控系统，包括弯道防抱死制动系统、牵引力控制系统、发动机

制动系统、发动机启动控制、巡航控制系统、倾角传感器等，让驾驶者可以根据不同的路况和驾驶风格进行调节，从而使他们享受最佳的驾驶体验。

阿普利亚 RSV4 侧前方视角

阿普利亚 RSV4 侧面视角

阿普利亚 Tuono V4

阿普利亚 Tuono V4 是意大利阿普利亚公司设计制造的一款摩托车，于 2012 年开始量产，官方指导价为人民币 18.8 万元。

阿普利亚 Tuono V4 采用一体式变径车把，以提升其在街道行驶时的灵活性与操控性。车身没有采用整流罩设计，而是将车架和机械结构暴露在

基本参数 (2022 年款)	
上市时间	2022 年 5 月
类型	街车
发动机	V 型四缸四冲程 1100cc
变速器	国际 6 挡
长 × 宽 × 高 (毫米)	2070×810×1170
座高	825 毫米
轴距	1450 毫米
整备重量	209 千克
最高车速	255 千米 / 时
主油箱容量	18.5 升

外。双重整流罩之间穿过的气压能在高速状态下优化稳定性，保护驾驶者免受气流直吹，进而提升骑乘舒适度，同时还有助于发动机散热。该摩托车还配备了可以自动关闭的灯光以及弯道辅助照明系统。

阿普利亚 Tuono V4 搭载的发动机压缩比为 13：1，使用 95 号汽油，在 11350 转 / 分时可爆发 129 千瓦的最大功率，在 9000 转 / 分时可释放 121 牛米的峰值扭矩，官方公布的平均油耗为 5.42 升 / 百公里。该摩托车配备了湿式多片滑动离合器，采用链条传动，前轮规格为 120/70-ZR17，后轮规格为 200/55-ZR17。

阿普利亚 Tuono V4 侧前方视角

阿普利亚 Tuono V4 过弯

阿普利亚 RS 660

阿普利亚 RS 660 是意大利阿普利亚公司设计制造的一款摩托车，于 2020 年开始量产，官方指导价为人民币 11.99 万至 13.3 万元。

阿普利亚 RS 660 的前脸造型独特，采用竞技风格的流线型设计，搭配中央的阿普利亚品牌标志，极具辨识度。车身采用可调节复合结构铝合金双

基本参数 (2023 年款)	
上市时间	2023 年 5 月
类型	跑车
发动机	直列双缸四冲程 660cc
变速器	国际 6 挡
长 × 宽 × 高 (毫米)	1995×745×1150
座高	820 毫米
轴距	1370 毫米
整备重量	183 千克
最高车速	230 千米 / 时
主油箱容量	15 升

翼梁结构设计，轻量化设计在降低车身重量的同时，也可以提高车辆的加速性能，通过复杂的计算和设计优化，能够承受更高的转速和更大的负载。

阿普利亚 RS 660 的电控系统配置齐全，包括牵引力控制系统、防翘头控制系统、发动机制动系统、巡航控制系统等。该摩托车搭载的双缸发动机具有结构紧凑、平衡性好的特点，运转平稳，震动较小。同时，发动机采用轻量化设计，使整车重量大幅减轻。该发动机压缩比为 13.5：1，使用 95 号汽油，在 10500 转 / 分时可爆发 73.5 千瓦的最大功率，在 8500 转 / 分时可释放 67 牛米的峰值扭矩，官方公布的平均油耗为 3.84 升 / 百公里。

阿普利亚 RS 660 侧面视角

阿普利亚 RS 660 侧前方视角

阿普利亚 Tuono 660

阿普利亚 Tuono 660 是意大利阿普利亚公司设计制造的一款摩托车，于 2021 年开始量产，官方指导价为人民币 11.88 万至 12.18 万元。

阿普利亚 Tuono 660 使用了早期推出的阿普利亚 RS 660 的大部分组件，采用铝合金双翼梁车架，粗壮的、左右不对称式造型设计的铝合金后摇

基本参数 (2022 年款)	
上市时间	2021 年 8 月
类型	街车
发动机	直列双缸四冲程 660cc
变速器	国际 6 挡
长 × 宽 × 高 (毫米)	1995×805×1135
座高	820 毫米
轴距	1370 毫米
整备重量	183 千克
最高车速	230 千米 / 时
主油箱容量	15 升

臂，配备可调节的 KYB 悬架系统、布雷博（Brembo）入门级制动系统、TFT 数字式仪表盘。外观方面，前大灯有着与阿普利亚 RS 660 相同的风格，定风翼与车体采用双层式设计。前部采用半包式外壳设计，可提升空气动力学的性能。

阿普利亚 Tuono 660 搭载的发动机压缩比为 13.5：1，使用 95 号汽油，在 10500 转 / 分时可爆发 70 千瓦的最大功率，在 8500 转 / 分时可释放 67 牛米的峰值扭矩，官方公布的平均油耗为 4.9 升 / 百公里。在电控系统方面，

该摩托车标配五种可选的驾驶模式（包括三种常规道路驾驶模式和两种赛道驾驶模式），并配备了弯道防抱死制动系统、牵引力控制系统、发动机制动系统、巡航控制系统等。

阿普利亚 Tuono 660 侧面视角

阿普利亚 Tuono 660 侧前方视角

阿普利亚 Tuareg 660

阿普利亚 Tuareg 660 是意大利阿普利亚公司设计制造的一款摩托车，于 2021 年开始量产，官方指导价为人民币 11.99 万至 12.18 万元。

阿普利亚 Tuareg 660 拥有个性十足的前脸和整流罩设计，整体设计以功能性和实用性为主，可清晰地观察到车辆前部的减震支撑结构。集成日

基本参数 (2022 年款)	
上市时间	2022 年 11 月
类型	探险车
发动机	直列双缸四冲程 660cc
变速器	国际 6 挡
长 × 宽 × 高 (毫米)	2220×965×1340
座高	860 毫米
轴距	1525 毫米
整备重量	204 千克
最高车速	190 千米 / 时
主油箱容量	18 升

间行车灯的大灯组造型科技感十足，具有极强的辨识度。灯光系统采用全 LED 光源。超大面积的挡风玻璃提供了出色的挡风效果。车架采用新型结构，用高强度的钢管和铸板构成，与副车架组合，提供了强大的承载能力。油箱采用收窄设计，与座椅相连，为驾驶者提供了充足的腿部空间。

阿普利亚 Tuareg 660 的前悬架采用 KYB 预载可调倒置液压前叉，具有 241 毫米超长行程。后悬架采用背负式预载可调中置后减震，行程为 106.5 毫米。前 21 英寸、后 18 英寸的真空辐条轮毂，使机车具备了出色

的通过性能。刹车系统采用布雷博卡钳，并配备双通道防抱死制动系统，越野模式下可关闭后轮防抱死制动系统。

阿普利亚 Tuareg 660 侧前方视角

全速行驶的阿普利亚 Tuareg 660

阿普利亚 SR GT 200

阿普利亚 SR GT 200 是意大利阿普利亚公司设计制造的一款摩托车，于 2022 年开始量产，官方指导价为人民币 2.99 万至 3.06 万元。

阿普利亚 SR GT 200 是一款具有探险风格的踏板车。它与 RSV4、RS 660 等阿普利亚新一代跑车的设计风格基本相同，特别是车头部分的三灯式

基本参数 (2022 年款运动版)	
上市时间	2022 年 1 月
类型	踏板车
发动机	单缸四冲程 200cc
变速器	无级变速器
长 × 宽 × 高 (毫米)	1920×765×1295
座高	799 毫米
轴距	1350 毫米
整备重量	148 千克
最高车速	120 千米 / 时
主油箱容量	9 升

设计，具有很强的视觉冲击力。同时它采用双摇篮高强度钢管车架设计，在车身中段点缀了许多线条和纹路，这些都展现了此款摩托车的细节设计和独特外观。尾灯的设计也很特别，一体式的灯带内置了方向灯，提高了安全性。

阿普利亚 SR GT 200 搭载的发动机压缩比为 12：1，使用 95 号汽油，在 8500 转 / 分时可爆发 13 千瓦的最大功率，在 7000 转 / 分时可释放 16.5 牛米的峰值扭矩，官方公布的平均油耗为 2.48 升 / 百公里。该摩托车采用

前 14 英寸和后 13 英寸的轮毂，并标配适合跨界摩托车使用的两用探险轮胎，使整车在驾驶稳定性、平衡性和舒适度方面都有出色表现。

阿普利亚 SR GT 200 侧前方视角

阿普利亚 SR GT 200 侧后方视角

阿迪瓦 AD1 200

阿迪瓦 AD1 200 是意大利阿迪瓦公司设计制造的一款摩托车，于 2018 年开始量产，官方指导价为人民币 3.98 万元。

阿迪瓦 AD1 200 是一款集稳定性、舒适性和便携性于一体的三轮摩托车，适合在城市和乡村骑行。该摩托车采用三轮设计，其中两个前轮提供了良好的稳定性和平衡性，使骑

基本参数 (2020 年款)	
上市时间	2020 年
类型	三轮车
发动机	单缸四冲程 200cc
变速器	无级变速器
长 × 宽 × 高 (毫米)	2062×650×1670
座高	720 毫米
轴距	1490 毫米
整备重量	204 千克
最高车速	105 千米 / 时
主油箱容量	7 升

行更加安全和容易掌控。阿迪瓦 AD1 200 采用宽大的座椅和后背靠枕，提供了舒适的骑行体验。此外，该摩托车还具有可调节式悬架和可调节式脚踏板等功能，以满足不同驾驶者的个性化需求。

阿迪瓦 AD1 200 搭载一台单缸发动机，最大功率为 14.1 千瓦（8250转 / 分），峰值扭矩为 16.5 牛米（6800 转 / 分）。该发动机能够提供充足的动力输出，满足日常骑行需求。阿迪瓦 AD1 200 采用可折叠设计，可以在停车和运输时节省空间。

阿迪瓦 AD3 400

阿迪瓦 AD3 400 是意大利阿迪瓦公司设计制造的一款摩托车，于 2018 年开始量产，官方指导价为人民币 6.98 万元。

阿迪瓦 AD3 400 采用两个前轮和一个后轮的三轮设计，使骑行更安全、更舒适。该摩托车的座椅和后背靠枕的尺寸较大，可有效减轻长时间骑行的疲劳。该摩托车还配备了大

基本参数 (2020 年款)	
上市时间	2020 年
类型	三轮车
发动机	单缸四冲程 400cc
变速器	无级变速器
长 × 宽 × 高 (毫米)	2180×810×1757
座高	770 毫米
轴距	1575 毫米
整备重量	257 千克
最高车速	105 千米 / 时
主油箱容量	11.5 升

容量的储物箱，方便搭乘者携带物品和行李。此外，该摩托车还可根据不同驾驶者的需求进行个性化配置，包括可调节式悬架、可调节式脚踏板和可调节式座椅等功能。

阿迪瓦 AD3 400 搭载一台单缸发动机，最大功率为 26.2 千瓦（7250 转 / 分），峰值扭矩为 38.1 牛米（5500 转 / 分）。该发动机能够提供充足的动力输出，满足日常骑行和长途旅行的需求。阿迪瓦 AD3 400 配备了技术先进的防抱死制动系统和倾角稳定系统等，从而提供更高的安全性和稳定性。

阿迪瓦 AJ 201

阿迪瓦 AJ 201 是意大利阿迪瓦公司设计制造的一款摩托车，于 2019 年开始量产，官方指导价为人民币 2.78 万元。

阿迪瓦 AJ 201 是一款注重舒适性和安全性的摩托车，适合在城市和郊区骑行。它的设计简洁、时尚，同时配备了一些先进的功能，能够满足不同驾驶者的需求。该摩托车采用钢管车架，最小离地间隙为 150 毫米。

基本参数 (2020 年款)	
上市时间	2019 年 8 月
类型	踏板车
发动机	单缸四冲程 200cc
变速器	无级变速器
长 × 宽 × 高（毫米）	2080×725×1345
座高	810 毫米
轴距	1380 毫米
整备重量	160 千克
最高车速	126 千米 / 时
主油箱容量	8 升

阿迪瓦 AJ 201 搭载的发动机压缩比为 12.1∶1，使用 95 号汽油，在 8250 转 / 分时可爆发 14.1 千瓦的最大功率，在 6500 转 / 分时可释放 16.5 牛米的峰值扭矩，百公里加速仅 8 秒，官方公布的平均油耗为 2.2 升 / 百公里。该摩托车配备干式离合器，采用皮带传动，前轮规格为 100/80-16，后轮规格为 120/80-16。前制动系统为三活塞碟刹，后制动系统为单活塞碟刹，前后轮均标配防抱死制动系统。

阿迪瓦 Fortune 150

阿迪瓦 Fortune 150 是意大利阿迪瓦公司设计制造的一款摩托车，于 2020 年开始量产，官方指导价为人民币 2.18 万元。

阿迪瓦 Fortune 150 作为一款意大利风格的大轮踏板车，外观上有着浓郁的欧洲传统的设计风格。该摩托车拥有异形车头格栅和犀利的 LED 前大灯，个性化十足的轮廓彰显出时尚的运动风格。大尺寸的全彩液晶仪表，采用了罕见的触控模式，并且配备了导航功能，同时具备白天和夜晚两种显示模式，分辨率较高，画面细腻。此外，该车还有巡航模式和运动模式两种驾驶模式。

基本参数 (2021 年款)	
上市时间	2020 年 12 月
类型	踏板车
发动机	单缸四冲程 150cc
变速器	无级变速器
长 × 宽 × 高 (毫米)	2080×725×1345
座高	760 毫米
轴距	1350 毫米
整备重量	160 千克
最高车速	100 千米 / 时
主油箱容量	8 升

阿迪瓦 Fortune 150 搭载的发动机压缩比为 11.2 : 1，使用 95 号汽油，在 8500 转 / 分时可爆发 10.8 千瓦的最大功率，在 6500 转 / 分时可释放 13.1 牛米的峰值扭矩，官方公布的平均油耗为 2.5 升 / 百公里。发动机采用了大气压传感器，可以轻松应对高原环境。该摩托车配备干式离合器，采用皮带传动，前轮规格为 100/80-14 M/C，后轮规格为 120/70-14 M/C。

奥古斯塔 F3 800

奥古斯塔 F3 800 是意大利奥古斯塔公司设计制造的一款摩托车，于 2013 年开始量产，官方指导价为人民币 22.8 万至 28.8 万元。

奥古斯塔 F3 800 的外观设计时尚、运动，充满了意大利摩托车的浪漫情怀。流线型的外观设计和独特的前大灯造型，使它具有很高的辨识度。

基本参数 (2021 年款)	
上市时间	2021 年
类型	跑车
发动机	直列三缸四冲程 800cc
变速器	国际 6 挡
长 × 宽 × 高 (毫米)	2040×725×1100
座高	830 毫米
轴距	1380 毫米
整备重量	173 千克
最高车速	240 千米 / 时
主油箱容量	16.5 升

该摩托车采用轻量化设计，整备重量只有 173 千克，配合高性能发动机，使它的功率重量比非常优秀，操控性突出。

奥古斯塔 F3 800 搭载的发动机压缩比为 12.3：1，在 13000 转 / 分时可爆发 108 千瓦的最大功率，在 10600 转 / 分时可释放 88 牛米的峰值扭矩。该摩托车配备湿式多片离合器，采用链条传动，前轮规格为 120/70-ZR17，后轮规格为 180/55-ZR17。该摩托车拥有先进的电控系统，包括多模式牵引力控制、惯性测量装置、倾角稳定系统和电子油门等功能，有效地提升了驾驶的安全性和稳定性。

奥古斯塔 F3 800 侧后方视角

全速行驶的奥古斯塔 F3 800

奥古斯塔 Dragster 800

奥古斯塔 Dragster 800 是意大利奥古斯塔公司设计制造的一款摩托车，于 2014 年开始量产，官方指导价为人民币 21.8 万至 30.8 万元。

奥古斯塔 Dragster 800 拥有夸张的车身造型、短小的车座以及飞碟式的尾灯，辨识度非常高。尤其是其标志性的辐条轮毂，更是体现了奥古斯塔

基本参数 (2021 年款)	
上市时间	2021 年
类型	街车
发动机	直列三缸四冲程 800cc
变速器	国际 6 挡
长 × 宽 × 高 (毫米)	2020×855×1050
座高	845 毫米
轴距	1400 毫米
整备重量	168 千克
最高车速	244 千米 / 时
主油箱容量	16.5 升

对于品牌独特化的追求。经典的管风琴式三出排气筒，同样别具一格。从侧面看，奥古斯塔 Dragster 800 给人以短小精悍的感觉，但从正面看又很魁梧，尤其是夸张的尾灯设计，平添了几分霸气。

奥古斯塔 Dragster 800 搭载的发动机压缩比为 12.3∶1，在 12800 转 / 分时可爆发 110 千瓦的最大功率，在 10100 转 / 分时可释放 87 牛米的峰值扭矩。该摩托车配备了湿式多片离合器，采用链条传动，前轮规格为 120/70-ZR17，后轮规格为 200/50-ZR17。

奥古斯塔 Dragster 800 侧面视角

奥古斯塔 Dragster 800 侧前方视角

奥古斯塔 Brutale 800

奥古斯塔 Brutale 800 是意大利奥古斯塔公司设计制造的一款摩托车，于 2016 年开始量产，官方指导价为人民币 15 万至 23.8 万元。

奥古斯塔 Brutale 800 的外观设计简洁、时尚，流线型的车身、尖锐的前大灯和短小的尾部设计，极具视觉冲击力和辨识度。该摩托车拥有高性能

基本参数（2021 年款）	
上市时间	2021 年
类型	街车
发动机	直列三缸四冲程 800cc
变速器	国际 6 挡
长 × 宽 × 高（毫米）	2080×875×1125
座高	830 毫米
轴距	1400 毫米
整备重量	175 千克
最高车速	244 千米 / 时
主油箱容量	16.5 升

的悬架和制动系统，包括马祖奇（Marzocchi）倒置伸缩式铝合金 DLC 涂层液压前叉、萨克斯（Sachs）渐进式后减震、布雷博制动系统等，使其在弯道驾驶和制动方面表现出色。

奥古斯塔 Brutale 800 搭载的发动机压缩比为 12.3：1，在 12000 转 / 分时可爆发 103 千瓦的最大功率，在 10100 转 / 分时可释放 87 牛米的峰值扭矩。该摩托车配备干 / 湿式离合器，采用皮带 / 轴传动，前轮规格为 120/70-ZR17，后轮规格为 180/55-ZR17。前制动系统为三活塞碟刹，后制动系统为单活塞碟刹，前后轮均标配防抱死制动系统。

奥古斯塔 Brutale 800 侧后方视角

奥古斯塔 Brutale 800 侧前方视角

奥古斯塔 Brutale 1000

奥古斯塔 Brutale 1000 是意大利奥古斯塔公司设计制造的一款摩托车，于 2018 年开始量产，官方指导价为人民币 42.8 万元。

奥古斯塔 Brutale 1000 是一款结合了高性能发动机、独特设计和先进电子控制技术的高性能街车，适合在公路和赛道骑行。该摩托车采用铬钼钢

基本参数 (2021 年款)	
上市时间	2021 年
类型	街车
发动机	直列四缸四冲程 1000cc
变速器	国际 6 挡
长 × 宽 × 高 (毫米)	2070×800×1070
座高	845 毫米
轴距	1415 毫米
整备重量	186 千克
最高车速	300 千米 / 时
主油箱容量	16 升

管的编织车架设计，车尾采用镂空的空气动力学设计。椭圆形的大灯沿袭了 Brutale 家族的设计风格，内部的 LED 大灯由倾角感应系统控制，可根据车身倾斜角度自动调整照射角度。大灯的外圈为日间行车灯组，即便是白天也清晰可见。

奥古斯塔 Brutale 1000 搭载的发动机压缩比为 13.4 : 1，在 13000 转 / 分时可爆发 153 千瓦的最大功率，在 11000 转 / 分时可释放 116.5 牛米的峰值扭矩。该摩托车配备湿式多片离合器，采用链条传动，前轮规格为 120/70-ZR17，后轮规格为 200/55-ZR17。

奥古斯塔 Brutale 1000 侧后方视角

奥古斯塔 Brutale 1000 侧前方视角

奥古斯塔 Turismo Veloce 800

奥古斯塔 Turismo Veloce 800 是意大利奥古斯塔公司设计制造的一款摩托车，于 2019 年开始量产，官方指导价为人民币 22.8 万至 29.8 万元。

奥古斯塔 Turismo Veloce 800 的车头采用奥古斯塔家族式设计，犀利的 V 形线条与进气口巧妙融合，配合运动风格的尾部设计，使整车造型具有

基本参数 (2021 年款)	
上市时间	2021 年
类型	旅行车
发动机	直列三缸四冲程 800cc
变速器	国际 6 挡
长 × 宽 × 高 (毫米)	2140×910×1410
座高	850 毫米
轴距	1445 毫米
整备重量	199 千克
最高车速	230 千米 / 时
主油箱容量	21.5 升

极高的辨识度。大灯上方的固定式风挡虽然不可调节，但其座位高度相对较低，因此挡风效果足以满足旅行需求。该摩托车配备 5.5 英寸 TFT 全彩液晶显示仪表，具备车机互联、蓝牙连接等功能。

奥古斯塔 Turismo Veloce 800 搭载的发动机压缩比为 12.3∶1，在 10150 转 / 分时可爆发 81 千瓦的最大功率，在 7100 转 / 分时可释放 80 牛米的峰值扭矩。该摩托车配备湿式多片离合器，采用链条传动，前轮规格为 120/70-ZR17，后轮规格为 190/55-ZR17。

奥古斯塔 Turismo Veloce 800 前方视角

奥古斯塔 Turismo Veloce 800 过弯

奥古斯塔 Superveloce 800

奥古斯塔 Superveloce 800 是意大利奥古斯塔公司设计制造的一款摩托车，于 2020 年开始量产，官方指导价为人民币 26.8 万元。

奥古斯塔 Superveloce 800 是一款罕见的复古风格跑车，它将现代工业设计与经典历史元素进行了完美融合——整流罩和驼峰结构借鉴了 20 世纪

基本参数 (2021 年款)	
上市时间	2021 年
类型	跑车
发动机	直列三缸四冲程 800cc
变速器	国际 6 挡
长 × 宽 × 高 (毫米)	2060×750×1120
座高	830 毫米
轴距	1380 毫米
整备重量	173 千克
最高车速	240 千米 / 时
主油箱容量	16.5 升

70 年代跑车的特色，而标志性的红银配色，则取材于意大利传奇车手贾科莫·阿戈斯蒂尼赢得世界摩托车锦标赛冠军时的战车涂装。除此之外，触感细腻的翻毛皮坐垫、大灯金属外圈裸露的铆钉、油箱上精美的皮带装饰等，几乎每一处细节都被赋予了浓郁的古典质感。

奥古斯塔 Superveloce 800 搭载的发动机压缩比为 12.3：1，在 13000 转 / 分时可爆发 108 千瓦的最大功率，在 11000 转 / 分时可释放 88 牛米的峰值扭矩。值得一提的是，该摩托车的发动机采用了世界摩托车锦标赛赛车同款的反向曲轴设计，优点是可以有效降低陀螺效应，提高整车的操控性。

奥古斯塔 Superveloce 800 侧前方视角

奥古斯塔 Superveloce 800 侧后方视角

奥古斯塔 Rush 1000

奥古斯塔 Rush 1000 是意大利奥古斯塔公司设计制造的一款摩托车，于 2020 年开始量产，官方指导价为人民币 50.8 万元。

奥古斯塔 Rush 1000 的车身采用了大量的碳纤维材料，并且应用了定风翼技术。碳纤维材料不仅可以降低车身重量，提高功率重量比，还可以提高车身强度和耐久度。

基本参数 (2021 年款高配版)	
上市时间	2021 年
类型	复古车
发动机	直列四缸四冲程 1000cc
变速器	国际 6 挡
长 × 宽 × 高 (毫米)	2080×805×1060
座高	845 毫米
轴距	1415 毫米
整备重量	186 千克
最高车速	300 千米 / 时
主油箱容量	16.5 升

定风翼技术可以在高速行驶时产生向下的压力，抵消升力，增加接地感，提升抓地力。

奥古斯塔 Rush 1000 搭载的发动机压缩比为 13.4∶1，在 13600 转 / 分时可爆发 156 千瓦的最大功率，在 11000 转 / 分时可释放 116.5 牛米的峰值扭矩。该摩托车配备湿式多片离合器，采用链条传动，前轮规格为 120/70-ZR17，后轮规格为 200/55-ZR17。前制动系统为对向四活塞卡钳、320 毫米刹车盘，后制动系统为对向双活塞卡钳、220 毫米刹车盘，前后轮均标配防抱死制动系统。

奥古斯塔 Rush 1000 大灯特写

奥古斯塔 Rush 1000 侧后方视角

宝马 K1

　　宝马 K1 是德国宝马公司设计制造的一款摩托车，于 1988—1993 年量产。

　　宝马 K1 一经推出，其口碑就呈现了两极分化的态势，甚至被评为当时最丑的重型摩托车。该摩托车为了追求空气动力学性能而采用球形车身，搭配方形大灯和造型怪异的挡泥板，让很多消费者无法接受。

基本参数 (1988 年款)	
上市时间	1988 年
类型	跑车
发动机	四缸四冲程 987cc
变速器	国际 5 挡
长 × 宽 × 高 (毫米)	2160×720×1170
座高	780 毫米
轴距	1565 毫米
整备重量	234 千克
最高车速	240 千米 / 时
主油箱容量	22 升

然而该摩托车奇特的外表下却蕴含着当时的先进科技，以及令人印象深刻的机械元素。即便是在科技更发达的今天，宝马 K1 采用的部分技术仍然不过时。

　　宝马 K1 是世界上第一款搭载四气门发动机的重型摩托车，这在当时引发了新一代摩托车发动机研发的一系列竞争。同时，宝马 K1 也是第一款配备了防抱死制动系统（ABS）的摩托车。该摩托车加速至 100 千米 / 时仅需 3.9 秒，最高车速可达 240 千米 / 时。

宝马 K1 侧面视角

宝马 K1 侧后方视角

宝马 F650

宝马 F650 是德国宝马公司设计制造的一款多功能摩托车，于 1993—2001 年量产。

宝马 F650 的问世源自一次高层访问。20 世纪 90 年代初，宝马公司的代表出访意大利阿普利亚公司，并对后者生产的飞马 650 型摩托车所搭载的单缸发动机产生了浓厚兴趣。宝马公司认为，单缸发动

基本参数 (1993 年款)	
上市时间	1993 年
类型	越野车
发动机	单缸四冲程 652cc
变速器	国际 5 挡
长 × 宽 × 高 (毫米)	2180×880×1220
座高	800 毫米
轴距	1480 毫米
整备重量	173 千克
最高车速	185 千米 / 时
主油箱容量	17.5 升

机车型适合刚刚接触摩托车的新手，具有广阔的市场前景，宝马公司不应该放弃这个潜在的庞大客户群体。于是，宝马公司提供商标、设计和销售渠道，罗塔克斯公司（奥地利）提供发动机，阿普利亚公司负责组装，三方合作的宝马 F650 诞生了。

宝马公司对罗塔克斯公司提供的发动机进行了调校，使其动力输出更符合宝马 F650 的两用车定位。宝马 F650 采用直径 41 毫米的正立液压式前悬架，后悬架为液压阻尼单筒式。前后制动系统均为盘式，搭配布雷博卡钳。为了方便驾驶者长途旅行，宝马 F650 的油箱容量较大，续航能力较强。厂家还提供了边箱、油箱包、加热手柄等选装件。考虑到驾驶者的身

高差异，宝马公司还为该摩托车提供了一套改装件，通过摇臂和悬架来降低座椅高度，让身材娇小的女性驾驶者也能轻松驾驭该车，非常人性化。

白色涂装的宝马 F650

宝马 F650 侧面视角

宝马 F650 ST

宝马 F650 ST 是德国宝马公司设计制造的一款摩托车，于 1996—2001 年量产。

宝马 F650 具有很高的实用性和经济性，一经上市便很快赢得了市场的肯定。超出预期的销量让宝马公司决定将这个车系延续下去，并在 1996 年推出了侧重于在公路和城市街道上行驶的宝马 F650 ST。

基本参数 (1996 年款)	
上市时间	1996 年
类型	街车
发动机	单缸四冲程 652cc
变速器	国际 5 挡
长 × 宽 × 高 (毫米)	2160×880×1220
座高	785 毫米
轴距	1465 毫米
整备重量	173 千克
最高车速	165 千米 / 时
主油箱容量	17.5 升

该摩托车从设计到上市只用了两年半时间，它主要是针对欧洲人的身材和欧洲的交通路况进行设计的。

宝马 F650 ST 的车架为高强度、轻量化单管钢制车架，各管用螺栓连接，后摇架为角钢盒式结构。后减震器为中置单筒连杆式，反弹阻尼和压缩阻尼均可根据道路情况、负载情况等进行无级调节。前叉为传统伸缩式，采用油压减震，叉管直径为 41 毫米。前制动为单盘双活塞浮动钳，后制动为单盘单活塞浮动钳。油箱采用高强度塑料制成，这种塑料油箱的强度、韧性比钢材要高出许多，一般情况下即便摔车也不会被磕瘪，更不会擦出火花，每个油箱在出厂时，都经过了严格的强度试验。

宝马 F650 ST 侧前方视角

宝马 F650 ST 侧后方视角

宝马 F650 GS

宝马 F650 GS 是德国宝马公司设计制造的一款摩托车，于 2000—2008 年量产。

1999 年至 2000 年，宝马赛车手理查德·赛恩斯驾驶宝马 F650 拉力赛车连续两届赢得了达喀尔（Dakar）拉力赛冠军，让宝马 F650 车系成为摩托车界乃至赛车界的传奇。借着达喀尔夺冠的东风，宝马

基本参数 (2000 年款)	
上市时间	2000 年
类型	多功能车
发动机	单缸四冲程 652cc
变速器	国际 5 挡
长 × 宽 × 高 (毫米)	2175×910×1220
座高	785 毫米
轴距	1479 毫米
整备重量	175.5 千克
最高车速	183.4 千米 / 时
主油箱容量	17.3 升

公司以老款宝马 F650 为基础，在 2000 年推出了强化越野性能的新款摩托车，即宝马 F650 GS。

宝马 F650 GS 并没有对宝马 F650 高度成熟的发动机进行较大的改动，只是稍作调校。宝马 F650 GS 变化最大的是车体，宝马公司重新设计了车架，前置油箱移至车体中部坐垫下方，原来的油箱位置隐藏着蓄电池、空气滤芯等部件。这样一来，宝马 F650 GS 整车的重量分配及其均衡，更有利于在恶劣路况中进行操控。

蓝色涂装的宝马 F650 GS

宝马 F650 GS 侧面视角

宝马 F650 GS Dakar

宝马 F650 GS Dakar 是德国宝马公司设计制造的一款越野摩托车，于 2000—2008 年量产。

宝马 F650 GS 的通过性能较宝马 F650 有了很大的提升，活动空间的拓展使其吸引了更多车迷，成为许多车迷日常娱乐和长途用车的首选车型。但宝马公司并未满足，因为还有许多驾驶者想要更具越野性能

基本参数 (2001 年款)	
上市时间	2001 年
类型	越野车
发动机	单缸四冲程 652cc
变速器	国际 5 挡
长 × 宽 × 高 (毫米)	2189×909×1265
座高	870 毫米
轴距	1479 毫米
整备重量	177.2 千克
最高车速	172 千米 / 时
主油箱容量	17.3 升

的宝马 F650。于是，宝马 F650 GS Dakar 诞生了。该车车如其名，是一款具有达喀尔赛车基因的拉力车，它的越野性能远胜于同系列的其他车型。

宝马 F650 GS 为两用车，具备一定的越野能力，也能在铺装路面上行驶，而宝马 F650 GS Dakar 则是单纯用于越野，从外观上就能看出不一样的特点——宝马 F650 GS Dakar 的前叉有橡胶防护套，并且前轮尺寸为 21 英寸，而标准版的宝马 F650 GS 前轮尺寸为 19 英寸，宝马 F650 GS Dakar 的离地间隙及悬架行程均大于宝马 F650 GS 标准版。为了减少驾驶者在复杂地带骑行时遭受的风尘袭扰，设计师还增加了宝马 F650 GS Dakar 前风挡的规格。

装有行李箱的宝马 F650 GS Dakar

宝马 F650 GS Dakar 侧面视角

宝马 F650 CS

宝马 F650 CS 是德国宝马公司设计制造的一款摩托车，于 2001—2005 年量产。

20 世纪末 21 世纪初，宝马公司推出的宝马 F650 ST、宝马 F650 GS 等单缸发动机摩托车，都在市场上取得了不错的销售成绩。宝马公司乘胜追击，又于 2001 年推出了宝马 F650 系列的变种——宝马 F650 CS。

基本参数 (2001 年款)	
上市时间	2001 年
类型	街车
发动机	单缸四冲程 652cc
变速器	国际 5 挡
长 × 宽 × 高 (毫米)	2142×860×1158
座高	780 毫米
轴距	1493 毫米
整备重量	189 千克
最高车速	175 千米 / 时
主油箱容量	15 升

宝马 F650 CS 主要面向城市用户，各部分的设计都是针对日常生活的需要，例如，设于油箱面上的多用途储物空间。宝马 F650 系列推出之初，其链条驱动设计就已打破宝马公司的轴驱动常规设计，宝马 F650 CS 更是首次采用皮带驱动，开了宝马摩托车历史的先河。安静、干净、耐用及免添油都是皮带驱动的强项，虽然沙石是它的大敌，但以城市为主战场的宝马 F650 CS 并不需要担心这一点。宽度为 26 毫米的驱动皮带采用合成物料制成，有足够的强度以承受动力输出。由奥地利罗塔克斯公司根据宝马公司所定规格生产的单缸四气门水冷发动机，与宝马 F650 GS 所用的规格相同，但输出数值略有改变。

宝马 F650 CS 侧前方视角

宝马 F650 CS 侧后方视角

宝马 K1200 RS

宝马 K1200 RS 是德国宝马公司设计制造的一款摩托车，于 1997—2005 年量产。

宝马 K1200 RS 搭载独特的并列四缸发动机，采用流线型车身设计，看起来动感十足。该摩托车配备了防抱死制动系统、电动调节挡风玻璃和可拆卸硬壳后箱等，以提供更加舒适和便利的骑行体验。

基本参数 (1997 年款)	
上市时间	1997 年
类型	跑车
发动机	直列四缸四冲程 1171cc
变速器	国际 6 挡
长 × 宽 × 高 (毫米)	2250×850×1200
座高	800 毫米
轴距	1550 毫米
整备重量	266 千克
最高车速	247 千米 / 时
主油箱容量	20.5 升

宝马 K1200 RS 的悬架系统可以提供出色的操控性和稳定性，使长途骑行更加轻松和舒适。该摩托车是德国第一款功率突破 75 千瓦的摩托车，其向世人展示了宝马公司在摩托车领域既对传统有所继承而又不故步自封的创新精神。宝马 K1200 RS 发动机最大功率为 97 千瓦，峰值扭矩为 117 牛米，官方公布的油耗为 4.9 升 / 百公里。

宝马 K1200 RS 侧后方视角

宝马 K1200 RS 侧前方视角

宝马 K1200 S

宝马 K1200 S 是德国宝马公司设计制造的一款摩托车，于 2004—2008 年量产。

宝马 K1200 S 舍弃了宝马公司标志性的水平对置双缸发动机，转而采用了一台并列四缸水冷发动机。该发动机采用全新设计，活塞重量仅为 299克，同时采用了三只活塞环的设计，获得高达 13:1 的压缩比。

基本参数 (2004 年款)	
上市时间	2004 年
类型	跑车
发动机	直列四缸四冲程 1157cc
变速器	国际 6 挡
长 × 宽 × 高 (毫米)	2227×856×1214
座高	813 毫米
轴距	1572 毫米
整备重量	234 千克
最高车速	274 千米 / 时
主油箱容量	19 升

汽缸壁采用镍硅合金表面处理技术，能够有效降低摩擦损失并提高耐久性。宝马公司为宝马 K1200 S 配置了先进的 BMS-K 发动机电子管理系统，并且具有独特的爆震控制功能，监控发动机工作情况的传感器一旦发现有爆震信号，BMS-K 管理系统就会马上发出指令自动减小点火角度并延迟点火，从而消除发动机爆燃。在特殊情况下，宝马 K1200 S 使用较低标号的燃油也不至于损害发动机，只是动力输送略微逊色，油耗稍有增加。

宝马 K1200 S 的发动机在 10250 转 / 分时能够爆发 123 千瓦的最大功率，

在 8250 转 / 分时释放 130 牛米的峰值扭矩。该车加速至 100 千米 / 时仅需 2.8
秒，最高车速可以突破 270 千米 / 时。

宝马 K1200 S 侧前方视角

蓝色涂装的宝马 K1200 S

宝马 K1200 R

宝马 K1200 R 是德国宝马公司设计制造的一款摩托车，于 2005—2008 年量产。

宝马 K1200 R 的外观设计比较独特，采用了简洁、硬朗的设计风格，看起来动感十足。它还配备了防抱死制动系统、电子油门和可调节悬架等高级配置，以提供更加优秀的操控性能和驾驶体验。

基本参数 (2005 年款)	
上市时间	2005 年
类型	街车
发动机	直列四缸四冲程 1157cc
变速器	国际 6 挡
长 × 宽 × 高 (毫米)	2228×1095×856
座高	820 毫米
轴距	1580 毫米
整备重量	215 千克
最高车速	262 千米 / 时
主油箱容量	19 升

宝马 K1200 R 的车架采用了铝制材料，具有较高的刚性和轻量化特性，可以提供更好的操控性和稳定性。该摩托车还采用了特殊的液压悬挂系统，可以根据不同的路况和驾驶需求进行调整，从而提高行驶的舒适性和稳定性。

宝马 K1200 R 侧面视角

宝马 K1200 R 侧前方视角

宝马C1

宝马 C1 是德国宝马公司设计制造的一款带雨篷的摩托车，于 2000—2002 年量产。

2000 年，宝马 C1 125 型开始量产，这种型号的发动机排量为 125cc。2001 年，宝马公司又推出了发动机排量为 176cc 的宝马 C1 200 型。这两种型号的发动机外形、尺寸及重量基本一样，都装备了三元催化器。

基本参数 (2001 年款)	
上市时间	2001 年
类型	踏板车
发动机	单缸四冲程 176cc
变速器	无级变速器
长 × 宽 × 高 (毫米)	2075×1026×1766
座高	701 毫米
轴距	1488 毫米
整备重量	185 千克
最高车速	112 千米 / 时
主油箱容量	9.7 升

宝马 C1 从车架、悬架、篷体构造、安全带、制动装置等方面来保障驾驶者的安全。如果该摩托车突然滑倒，驾驶者会被安全带固定在座位上而不会被抛出去，而且篷架两侧有突出的橡胶头，车辆倒地时会起到缓冲和支撑作用。车体的矩形纵梁，前端由车架支撑，后端由发动机支承架连接，形成一种浮动式结构，如果发生正面碰撞或者颠簸，可有效地分散冲击力，减小了车体变形以及人体受到的冲击。宝马 C1 还有先进的制动技术，前后轮制动是单碟盘式液压制动，前轮制动钳是双活塞泵控制，后轮制动

钳是单活塞泵控制，还配备了防抱死制动系统。不过，全钢结构的雨篷导致宝马 C1 的重心偏高，操控性较差，因此该车很快便停止量产。

红色涂装的宝马 C1

宝马 C1 侧面视角

宝马 HP2 Enduro

宝马 HP2 Enduro 是德国宝马公司设计制造的一款摩托车，于 2005—2008 年量产。

宝马 HP2 Enduro 的名称鲜明地亮出了自己的身份：HP 是 High Performance（高性能）的缩写，"2"是指宝马摩托车赖以成名的水平对置双缸发动机"拳击手"，Enduro 则是指越野耐力赛。

基本参数 (2005 年款)	
上市时间	2005 年
类型	越野车
发动机	水平对置双缸四冲程 1170cc
变速器	国际 6 挡
长 × 宽 × 高（毫米）	2350×880×920
座高	920 毫米
轴距	1610 毫米
整备重量	175 千克
最高车速	200 千米 / 时
主油箱容量	16 升

宝马 HP2 Enduro 的外观与普通摩托车有所不同，与赛道用车相似，它的外观并不花哨，但却充满了竞技特征。在外观配色方面，该摩托车以蓝、白、黑等宝马品牌特征颜色作为主基调。

宝马 HP2 Enduro 不仅搭载了全新改进型"拳击手"发动机，可输出 78 千瓦的最大功率和 102 牛米的峰值扭矩，还大量采用了碳纤维等轻质材料以削减重量，将整备重量控制在 175 千克。

宝马 HP2 Enduro 越野行驶

宝马 HP2 Enduro 侧面视角

宝马 HP2 Sport

宝马 HP2 Sport 是德国宝马公司设计制造的一款摩托车，于 2008—2012 年量产。

宝马 HP2 Sport 搭载的"拳击手"水平对置双缸发动机装配了新型汽缸头，最高转速可达 9500 转 / 分。同时，进气门直径从老款"拳击手"发动本的 36 毫

基本参数 (2008 年款)	
上市时间	2008 年
类型	跑车
发动机	水平对置双缸四冲程 1170cc
变速器	国际 6 挡
长 × 宽 × 高 (毫米)	2135×750×1163
座高	830 毫米
轴距	1487 毫米
整备重量	178 千克
最高车速	260 千米 / 时
主油箱容量	16 升

米扩大到 39 毫米，排气门直径则从 31 毫米扩大到 33 毫米。汽缸头采用 4 个气门辐射式排列的布局，实现了紧凑高效的燃烧室结构，再配以 12.5∶1 的高压缩比，燃烧效果极佳。此外，宝马公司还进行了诸多优化，如采用进、排气效率更佳的进气道和排气道，高强度、轻质量的锻造活塞以及进行了相应调整的连杆等，最终取得了令人振奋的结果：最大功率达到 95 千瓦，加速至 100 千米 / 时仅需 3 秒。

为了减轻宝马 HP2 Sport 的重量，宝马工程师使用大量的特殊材料，包括全部采用碳纤维制造的整套导流罩和汽缸头罩、轻巧的锻造轮毂和赛车磁电机等。宝马工程师的心血没有白费，最终宝马 HP2 Sport 的整备重量仅为 178 千克，即使将油箱加满，整车重量也不超过 200 千克。

宝马 HP2 Sport 侧后方视角

宝马 HP2 Sport 过弯

宝马 G650 X

宝马 G650 X 是德国宝马公司设计制造的一款摩托车，于 2006—2009 年量产。

宝马 G650 X 系列摩托车于 2006 年开始对外销售，共有三款车型，即宝马 G650 X challenge（官方指导价为 8200 欧元）、宝马 G650 X moto（官方指导价为 8700 欧元）和宝马 G650 X country（官方指导价为 7900 欧元）。它们采用同样的技术，但是定位不同。由于宝马 G650 X 系列的销量不佳，宝马公司遂于 2009 年将其停产，转而推出宝马 F700 GS 和宝马 F800 GS 等车型。

基本参数 (2006 年款宝马 G650 X challenge)	
上市时间	2006 年
类型	越野车
发动机	单缸四冲程 652cc
变速器	国际 5 挡
长 × 宽 × 高（毫米）	2200×907×1300
座高	910 毫米
轴距	1500 毫米
整备重量	144 千克
最高车速	165 千米 / 时
主油箱容量	10 升

宝马 G650 X 是一款非常轻便的摩托车，其配备了奥地利罗塔克斯公司提供的单缸四冲程水冷发动机，操控性能较好。该系列摩托车拥有简洁的外观造型，其中宝马 G650 X challenge 具备轻度越野能力，而宝马 G650 X moto 则采用滑胎设计，适合在山路骑行。

宝马 G650 X 侧前方视角

宝马 G650 X 侧面视角

宝马 G650 GS

宝马 G650 GS 是德国宝马公司设计制造的一款摩托车，于 2008—2016 年量产。

2007 年，驰骋摩托车界十几年的宝马 F650 系列宣告停产，但不久之后，宝马公司又以宝马 G650 GS 为其命名让其重新回到市场中。2016 年，在与以川崎 KLR650 为代表的日系同类车型的价格竞争中，宝马 G650 系列再次败下阵来。

基本参数 (2008 年款)	
上市时间	2008 年
类型	越野车
发动机	单缸四冲程 652cc
变速器	国际 5 挡
长 × 宽 × 高 (毫米)	2165×920×1390
座高	820 毫米
轴距	1477 毫米
整备重量	192 千克
最高车速	170 千米 / 时
主油箱容量	14 升

宝马 G650 GS 的优势在于其拥有轻巧且坚固的车身，座位高度较低，发动机动力强劲，最高车速为 170 千米 / 时，且以 90 千米 / 时定速行驶时可以取得 31.3 公里 / 升的油耗表现。类似的发动机设计，经过历年来达喀尔拉力赛的实战测试，其耐用度毋庸置疑，并且没有单缸发动机常见的剧烈震动问题，有效地提升了驾驶的舒适度。

宝马 G650 GS 侧前方视角

宝马 G650 GS 侧面视角

宝马 F800 S

宝马 F800 S 是德国宝马公司设计制造的一款摩托车，于 2006—2010 年量产。

2006 年，宝马公司为了迎合市场，首次采用并列双缸发动机，推出了宝马 F800 S 和宝马 F800 ST。其中，宝马 F800 S 的定位为运动摩托车，宝马 F800 ST 则定位为运动旅行摩托车。此后，宝马公司相

基本参数 (2006 年款)	
上市时间	2006 年
类型	跑车
发动机	并列双缸四冲程 798cc
变速器	国际 6 挡
长 × 宽 × 高（毫米）	2082×1155×860
座高	840 毫米
轴距	1466 毫米
整备重量	182 千克
最高车速	220 千米 / 时
主油箱容量	16 升

继推出了宝马 F800 GS、宝马 F800 R、宝马 F800 GT 等型号，进一步充实了产品阵容，可以满足不同消费者的需求。

宝马 F800 S 的发动机压缩比高达 12:1。在传动系统方面，采用国际 6 挡变速箱和皮带传动。为了减少发动机的震动，宝马公司在曲轴箱内下了不少功夫，利用精密的平衡轴尽量抵消震动感。宝马 F800 S 注重运动性能，采用了防抱死制动系统、大型散热栅、单摇臂、框式双翼梁车架、高脚踏和低把手的设计。

宝马 F800 S 侧后方视角

宝马 F800 S 侧面视角

宝马 F800 ST

宝马 F800 ST 是德国宝马公司设计制造的一款摩托车，于 2006—2013 年量产。

宝马 F800 ST 是与宝马 F800 S 同时推出的一款摩托车，两者均于 2006 年开始量产。2013 年，宝马 F800 ST 停产，被宝马 F800 GT 取代。

宝马 F800 S 属于半封闭摩托车，而宝马 F800 ST 是宝马

基本参数 (2006 年款)	
上市时间	2006 年
类型	街车
发动机	并列双缸四冲程 798cc
变速器	国际 6 挡
长 × 宽 × 高 (毫米)	2082×1155×860
座高	840 毫米
轴距	1466 毫米
整备重量	182 千克
最高车速	220 千米 / 时
主油箱容量	16 升

F800 S 的旅行版，其护罩覆盖面和风挡更大，把手也加高了，同时还配置了旅行款式的轮胎和边箱。宝马 F800 ST 所有性能的调校都比宝马 F800 S 更侧重于舒适度的提升。

宝马 F800 ST 右侧视角

宝马 F800 ST 左侧视角

宝马 F800 GS

宝马 F800 GS 是德国宝马公司设计制造的一款摩托车，于 2008—2018 年量产。

2008 年，宝马公司为了进一步开拓公路旅行车市场，推出了搭载并列双缸水冷发动机的宝马 F800 GS，取代了配备单缸发动机的宝马 F650 GS。宝马 F800 GS 的定位为中量级双缸探险旅行车，除标准版外，

基本参数 (2008 年款)	
上市时间	2008 年
类型	旅行车
发动机	并列双缸四冲程 798cc
变速器	国际 6 挡
长 × 宽 × 高 (毫米)	2305×925×1450
座高	850 毫米
轴距	1577 毫米
整备重量	185 千克
最高车速	210 千米 / 时
主油箱容量	16 升

宝马公司还先后推出了 F800 GS Trophy、F800 GS Triple Black、F800 GS Adventure 等变型车，以满足不同消费者的需求。

宝马 F800 GS 采用并列双缸发动机，发动机震动较小。该摩托车的减震行程较长，可适应多种路面，路感反馈清晰，转向精准。优秀的油箱曲线及车座设计，使驾驶者站立骑行时双腿可轻松夹紧油箱。相对宽大的脚踏，保障了驾驶者站立骑行时的稳定性。在长途旅行中，驾驶者适当地尝试站立骑行可以缓解疲劳，同时也能提升骑行乐趣。

宝马 F800 GS 侧前方视角

宝马 F800 GS 攀爬陡坡

宝马 F800 R

宝马 F800 R 是德国宝马公司设计制造的一款摩托车，于 2009 年开始量产。

作为宝马 F800 S 替代产品的宝马 F800 R 于 2009 年上市，标志着宝马公司正式将"R"系列扩展到街车领域。

宝马 F800 R 放弃了宝马 F800 S 的外观设计，移除了宝马 F800 S 内置大小眼（不对

基本参数 (2009 年款)	
上市时间	2009 年
类型	街车
发动机	并列双缸四冲程 798cc
变速器	国际 6 挡
长 × 宽 × 高 (毫米)	2145×905×1160
座高	800 毫米
轴距	1520 毫米
整备重量	177 千克
最高车速	218 千米 / 时
主油箱容量	16 升

称车灯造型）的"眼镜框"，使整体外观更加霸气。此外，宝马 F800 R 还放弃了宝马 F800 S 的后单摇臂设计，改用传统双叉式后摇臂。宝马 F800 R 依然采用铝合金双梁式车架，但是轴距加长了 54 毫米，整备重量减轻了 5 千克，车身尺寸有细微变化。宝马 F800 R 采用改进型传动箱，并将宝马 F800 S 的皮带传动改为链条传动。油箱位置依然位于车身坐垫下方。

宝马 F800 R 侧前方视角

宝马 F800 R 侧后方视角

宝马 F800 GT

宝马 F800 GT 是德国宝马公司设计制造的一款摩托车，于 2013—2020 年量产。

宝马 F800 GT 于 2013 年在欧洲上市，2016 年 7 月底进入中国市场，官方指导价为人民币 13.28 万元。作为宝马 F800 ST 的继承者，宝马 F800 GT 具有更好的运动性和舒适性。在外观上，它继承了宝马

基本参数 (2013 年款)	
上市时间	2013 年
类型	跑车
发动机	并列双缸四冲程 798cc
变速器	国际 6 挡
长 × 宽 × 高 (毫米)	2156×905×1248
座高	800 毫米
轴距	1514 毫米
整备重量	213 千克
最高车速	201 千米 / 时
主油箱容量	16 升

F800 ST 的大部分设计思路，并完善了部分细节，如调整了风挡尺寸与脚踏位置，使驾驶者的骑行感受更好。

宝马 F800 GT 依然搭载稳定可靠的并列双缸水冷电喷发动机，但重新调校了燃油和点火曲线，同时排气部分借鉴了宝马 F800 R 的设计。这些变化使宝马 F800 GT 的功率与宝马 F800 ST 相比有所提高。重新设计的铝压铸轮毂重量更轻，造型更加现代化。与宝马 F800 ST 相比，宝马 F800 GT 的脚踏板也朝前下方移动了 40 毫米左右，以减轻驾驶者长时间膝盖弯

曲产生的疲劳。同时，座位高度也降低到 800 毫米，并可选配 765 毫米的低座位和 820 毫米的高座位。

宝马 F800 R（左）和宝马 F800 GT（右）

宝马 F800 GT 侧后方视角

宝马 S1000 RR

宝马 S1000 RR 是德国宝马公司设计制造的一款摩托车，于 2008 年开始量产，官方指导价为人民币 25.79 万至 29.79 万元。

宝马 S1000 RR 的外观设计时尚大气，线条流畅，视觉观感极佳。而其性能更是令人惊叹，直列四缸发动机的最大功率可达 152 千瓦（13500 转

基本参数 (2022 年款)	
上市时间	2022 年
类型	跑车
发动机	直列四缸四冲程 1000cc
变速器	国际 6 挡
长 × 宽 × 高 (毫米)	2073×740×1155
座高	824 毫米
轴距	1441 毫米
整备重量	197 千克
最高车速	303 千米 / 时
主油箱容量	20.5 升

/ 分），峰值扭矩为 113 牛米（11000 转 / 分），加速至 100 千米 / 时仅需 2.6 秒。这样的动力表现，足以让人体验到超级跑车的快感。

宝马 S1000 RR 采用铝合金车架，汽油满载时车身重量也仅为 206.5 千克。该摩托车具备出色的操控性能，并配备了最新的电控系统，包括可调节的悬架系统、牵引力控制系统、功率控制系统等。这些先进的技术，使驾驶者可以在不同的路况下，获得极佳的驾驶体验，无论是在赛道上还是在城市道路上，都可以正常行驶。

宝马 S1000 RR 侧前方视角

行驶中的宝马 S1000 RR

宝马 K1300 S

宝马 K1300 S 是德国宝马公司设计制造的一款摩托车，于 2008—2016 年量产。

宝马 K1300 S 搭载了一台直列四缸水冷汽油发动机，该发动机采用干式油底壳设计，顶置双凸轮，每缸四气门。在 9250 转 / 分时，可输出 130 千瓦的最大功率，在 8250 转 / 分时，可以输出 140 牛米的峰值

基本参数 (2008 年款)	
上市时间	2008 年
类型	跑车
发动机	直列四缸四冲程 1293cc
变速器	国际 6 挡
长 × 宽 × 高 (毫米)	2182×905×1221
座高	820 毫米
轴距	1585 毫米
整备重量	228 千克
最高车速	280 千米 / 时
主油箱容量	19 升

扭矩。从动力数据来看，宝马 K 1300 S 侧重于低速的扭矩输出。传动部分采用 6 挡直齿轮变速器，为了追求更好的传动平顺性，采用了轴传动而非链条传动。操作控制部分采用后轮单面铸铝摆臂、可调式（阻尼回弹）减震器。因其主要追求的仍是公路驾控性，所以它的前 / 后减震行程只有 115/135 毫米。

宝马 K1300 S 的前后轮均采用 17 英寸铝合金轮毂，前轮胎宽度为 120 毫米，后轮胎宽度为 190 毫米。在安全性方面，宝马 K1300 S 的前轮标配了对置四活塞卡钳、盘面直径为 320 毫米的双盘式刹车系统，后轮刹车系统为单盘式。

宝马 K1300 S 左侧视角

宝马 K1300 S 右侧视角

宝马 K1300 GT

宝马 K1300 GT 是德国宝马公司设计制造的一款摩托车，于 2009—2013 年量产。

2008—2009 年，宝马 K 系列成员集体升级，将排量为 1157cc 的直列四缸发动机扩容至 1293cc，从而将原来的 K1200 S、K1200 R、K1200 GT 全部升级到 K1300 S、K1300 R、K1300 GT，阵容强

基本参数 (2009 年款)	
上市时间	2009 年
类型	跑车
发动机	直列四缸四冲程 1293cc
变速器	国际 6 挡
长 × 宽 × 高 (毫米)	2318×982×1438
座高	820 毫米
轴距	1585 毫米
整备重量	255 千克
最高车速	250 千米 / 时
主油箱容量	24 升

大且个性各异。K1300 系列发动机排量的增大主要归功于行程的增长，其汽缸直径仅增加了 1 毫米，但行程却增加了 5.3 毫米。新发动机加强了低、中转速时的反应，扭矩在 2000 转 / 分至 8000 转 / 分时增加了 10%。

除了改良发动机和调校发动机管理系统之外，宝马 K1300 GT 还有全新的排气系统、全新的两段式驱动轴、全新的按钮编排、较硬的前后减震、改良的扰流效果和 Duolever 前轮悬架系统。各项改良使宝马 K1300 GT 更省油、更环保，操控性也得到了进一步提升。

宝马 K1300 GT 侧面视角

行驶中的宝马 K1300 GT

宝马 K1300 R

宝马 K1300 R 是德国宝马公司设计制造的一款摩托车，于 2009—2015 年量产。

宝马 K1300 R 的外观极具科技感，配合全新的六角形排气筒，在行驶过程中会发出令人振奋的轰鸣声，如同咆哮的怪兽。该摩托车搭载一台并列四缸四冲程水冷发动机，在 9250 转 / 分时最大功率达 127 千瓦，峰值扭矩为 140 牛米，使宝马 K1300 R 在任何路况下都能展现出极佳的动力性能，为驾驶者带来畅快的骑行体验。

基本参数 (2009 年款)	
上市时间	2009 年
类型	街车
发动机	直列四缸四冲程 1293cc
变速器	国际 6 挡
长 × 宽 × 高（毫米）	2228×856×1095
座高	820 毫米
轴距	1585 毫米
整备重量	217 千克
最高车速	270 千米 / 时
主油箱容量	19 升

宝马 K1300 R 的座位设计舒适，并且配备了防抱死刹车系统，使行车过程更加安全、稳定。该摩托车采用中央弹簧式前减震、铸铝单摇臂、带有杠杆系统的中央弹簧式后减震，把手与可调液压预载弹簧相连，使驾驶者能够自信地面对各种路况。宝马 K1300 R 可以选装电子悬架调整系统，该系统通过电子调节方式调整悬架以适应不同的路况和负载，能够调整前后弹簧柱回弹阶段的阻尼和后弹簧柱弹簧架。

宝马 K1300 R 侧面视角

橙色涂装的宝马 K1300 R

宝马 K1600 B

宝马 K1600 B 是德国宝马公司设计制造的一款摩托车，于 2011 年开始量产。

宝马 K1600 B 采用 LED 照明系统，具有自适应辅助照明功能，从而确保行驶路面有完整的照明范围，让行驶过程更加安全。为了提升豪华感，宝马 K1600 B 加入了"迎宾灯"的选配项

基本参数 (2011 年款)	
上市时间	2011 年
类型	巡航车
发动机	直列六缸四冲程 1648cc
变速器	国际 6 挡
长 × 宽 × 高 (毫米)	2450×1000×1340
座高	810 毫米
轴距	1620 毫米
整备重量	344 千克
最高车速	200 千米 / 时
主油箱容量	26 升

目，只要靠近车辆，车身底部便会投射灯光，极富科技感。该摩托车标配 10.25 英寸 TFT 全彩仪表，具有手机蓝牙互联功能，可显示音乐、导航、通话等功能，并可分屏显示。

宝马 K1600 B 搭载一台直列六缸水冷发动机，最大功率为 118 千瓦，峰值扭矩为 180 牛米，并且采用了动态发动机制动系统，可防止后轮在突然降挡时打滑，让行驶过程更加平稳。

宝马 K1600 B 过弯

宝马 K1600 B 侧面视角

宝马 C600 Sport

宝马 C600 Sport 是德国宝马公司设计制造的一款摩托车，于 2012 年开始量产。

彼时，尽管宝马 C1 系列摩托车成绩平平，但宝马公司进军踏板车市场的雄心不减。原因很简单，越来越多的城市面临着交通拥堵、汽车出行困难、油价高昂等诸多问题，城市便捷出行的需求持续增长，

基本参数 (2012 年款)	
上市时间	2012 年
类型	踏板车
发动机	并列双缸四冲程 647cc
变速器	无级变速器
长 × 宽 × 高 (毫米)	2155×877×1378
座高	810 毫米
轴距	1591 毫米
整备重量	249 千克
最高车速	175 千米 / 时
主油箱容量	16 升

而踏板车凭借外形时尚、停车便捷、易于驾驶等优点深受消费者的追捧。因此，宝马公司于 2012 年推出了一款新的踏板车——宝马 C600 Sport。

宝马 C600 Sport 采用钢管车架，动力装置为一台宝马 W20K06U0 并列双缸水冷发动机，搭配无级变速器，加速至 100 千米 / 时仅需 7.1 秒。其他配置包括 40 毫米倒置前叉、铝合金单摇臂、中置单筒平躺式后减震等。该车标配防抱死制动系统、前 270 毫米双碟双活塞、后 270 毫米单碟双活塞，制动性能出色。

宝马 C600 Sport 侧面视角

宝马 C650 GT（左）和宝马 C600 Sport（右）

宝马 C650 GT

宝马 C650 GT 是德国宝马公司设计制造的一款摩托车，于 2012 年开始量产。

宝马 C650 GT 与宝马 C600 Sport 属同一个系列，宝马公司将这两款踏板摩托车的区别做得十分明显，宝马 C600 Sport 针对有运动需求的用户，而宝马 C650 GT 则瞄准更加看中舒适性和旅行功能的

基本参数 (2012 年款)	
上市时间	2012 年
类型	踏板车
发动机	并列双缸四冲程 647cc
变速器	无级变速器
长 × 宽 × 高 (毫米)	2235×805×1545
座高	780 毫米
轴距	1591 毫米
整备重量	261 千克
最高车速	175 千米 / 时
主油箱容量	16 升

用户。自 2012 年问世以来，宝马 C650 GT 已有多个改款，其中 2016 年的改款可以选配盲区监测系统，这在摩托车中还属全球首例。

宝马 C650 GT 采用钢管车架，动力装置为一台宝马 W20K06U0 并列双缸水冷发动机，最大功率为 44 千瓦，峰值扭矩为 63 牛米，搭配无级变速器，加速至 100 千米 / 时仅需 7.5 秒。宝马 C650 GT 的减震装置和制动装置都与宝马 C600 Sport 相同，但座位下方储物空间、前护板及风挡都比后者更大，所以整备重量也增加了 12 千克。

宝马 C650 GT 侧面视角

宝马 C650 GT 侧前方视角

宝马 F700 GS

宝马 F700 GS 是德国宝马公司设计制造的一款摩托车，于 2012 年开始量产。

2009 年，宝马公司推出了一款比宝马 F650 GS（单缸发动机）座位高度更低、功率更低、前轮毂尺寸更小的双缸发动机拉力车型，当时也命名为宝马 F650 GS，其实际排量为798cc，与宝马 F800 GS 相同。

基本参数 (2012 年款)	
上市时间	2012 年
类型	越野车
发动机	并列双缸四冲程 798cc
变速器	国际 6 挡
长 × 宽 × 高 (毫米)	2280×880×1215
座高	820 毫米
轴距	1562 毫米
整备重量	209 千克
最高车速	185 千米 / 时
主油箱容量	16 升

2012 年，宝马 F650 GS 双缸发动机版更名为宝马 F700 GS，并开始量产。

宝马 F700 GS 将单缸发动机升级成并列双缸水冷发动机，排量也相应地增加。轮毂由钢丝辐条结构改为压铸铝合金搭配真空胎的结构，进一步提升了在铺装道路上的行驶能力，拥有街车的操控性能。挡风板、仪表盘、颜色转向指示灯以及 LED 尾灯等进行了全新设计，让宝马 F700 GS 具备独特的成熟美感。该摩托车标配防抱死制动系统和电子减震系统，还可选配动态稳定系统，让骑行更安全、更舒适。

宝马 F700 GS 右侧视角

宝马 F700 GS 左侧视角

宝马 G310 R

　　宝马 G310 R 是德国宝马公司设计制造的一款摩托车，于 2018 年开始量产。

　　2015 年 11 月，宝马公司就对外公布了宝马 G310 R 的研发计划。2018 年上半年，宝马 G310 R 正式问世。同年 7 月，宝马公司又推出了该车的全地形版——宝马 G310 GS。宝马公司对该系列车型寄予厚望，

基本参数 (2023 年款运动版)	
上市时间	2023 年 1 月
类型	街车
发动机	单缸四冲程 310cc
变速器	国际 6 挡
长 × 宽 × 高 (毫米)	2005×849×1080
座高	785 毫米
轴距	1374 毫米
整备重量	159 千克
最高车速	145 千米 / 时
主油箱容量	11 升

希望它在 2018 年能帮助宝马摩托车部门实现"全球销量翻倍"的目标。

　　宝马 G310 R 搭载一台缸头倒置单缸发动机，宝马公司声称这台发动机的很多技术直接引用自宝马 S1000 RR 摩托车，如高性能阀门齿轮、带 DLC 涂层的发动机部件和镍硅碳缸内壁。宝马 G310 R 的车身采用几何学设计，操控性能出色，宽车把、窄车身使其转向相当灵活。其座位较矮，脚踏位置相对较高，驾驶者上车之后，双腿会自然夹紧油箱，作出前倾的骑行姿势。宝马公司用缸头倒置的发动机布局和长摇臂设计拉长了轴距，

在保持车辆灵活度的同时，还提供了其他小排量车型所不具有的车身稳定性。

宝马 G310 R 左侧视角

宝马 G310 R 右侧视角

宝马 G310 RR

宝马 G310 RR 是德国宝马公司设计制造的一款摩托车，于 2023 年开始量产，官方指导价为人民币 5.16 万至 5.22 万元。

宝马 G310 RR 采用一般只有赛车才有的倒置前叉设计，提供了卓越的控制性能和直接精准的反馈效果。进气口和排气通道的设计将迎面而来的气

基本参数 (2023 年款)	
上市时间	2023 年 4 月
类型	跑车
发动机	单缸四冲程 310cc
变速器	国际 6 挡
长 × 宽 × 高 (毫米)	2001×786×1135
座高	811 毫米
轴距	1380 毫米
整备重量	174 千克
最高车速	160 千米 / 时
主油箱容量	11 升

流充分利用，并将来自发动机和驾驶者的热空气排出。

宝马 G310 RR 拥有灵活的单缸发动机、电子油门、滑动离合器。其中，滑动离合器可确保后轮在高速降挡时保持稳定。驾驶者可以通过多功能手把灵活切换赛道、城市、运动和雨天四种骑行模式。无论是骑行信息还是所选骑行模式，都能清晰地展现在高清 TFT 彩色显示屏上，为驾驶者保驾护航。安全方便的 LED 大灯，无论是夜间，还是能见度较差的白天，都能为驾驶者提供清晰的视野。标配的防抱死制动系统能有效防止车轮打滑与甩尾，即使在弯道制动较晚时，也能提供足够的控制力。

宝马 G310 RR 侧前方视角

行驶中的宝马 G310 RR

宝马 C400 X

宝马 C400 X 是德国宝马公司设计制造的一款摩托车，于 2019 年开始量产，官方指导价为人民币 6.89 万至 7.89 万元。

宝马 C400 X 是宝马公司进入 350cc 踏板车领域的首款作品，综合性能较强，共有三种配色、两款配置。作为一款定位于城市的中型踏板车，宝

基本参数 (2021 年款)	
上市时间	2021 年
类型	踏板车
发动机	单缸四冲程 350cc
变速器	无级变速器
长 × 宽 × 高 (毫米)	2210×835×1305
座高	775 毫米
轴距	1565 毫米
整备重量	204 千克
最高车速	139 千米 / 时
主油箱容量	12.8 升

马 C400 X 肩负着为宝马公司赢得更多都市用户青睐的使命。

作为一款中型踏板车，宝马 C400 X 以车身轻巧、灵活著称。该摩托车的外观比较另类，颇具线条感的车身设计，让它多了几分跨界风格，与常见的城市踏板车有很大区别，不过它同样拥有分段脚踏和宽大的座椅，在功能性上与普通踏板车并无差别。考虑到城市驾驶需求，宝马 C400 X 的尾部设计得十分饱满，在强调运动化的同时又兼顾了实用性，不过与多数踏板车不同的是，宝马 C400 X 的尾灯并没有与尾部集成在一起，而是

采用类似宝马街车的尾灯设计。宝马 C400 X 粗壮的排气管与整车风格相得益彰，搭配巨大的黑色防烫罩，使驾驶员与搭乘者被烫伤的概率大大降低。

蓝色涂装的宝马 C400 X

宝马 C400 X 过弯

宝马 C400 GT

宝马 C400 GT 是德国宝马公司设计制造的一款摩托车，于 2019 年开始量产。

宝马 C400 GT 是宝马 C400 X 的旅行款，作为后者的变型款，这款中型踏板摩托车是专门为那些需要一辆摩托车进行周末旅行或者长途游玩的人准备的。宝马公司增强了宝马 C400 GT 在旅行方面的性能，并进一步提高了车辆的舒适度。

基本参数 (2023 年款探险版)	
上市时间	2023 年 1 月
类型	踏板车
发动机	单缸四冲程 350cc
变速器	无级变速器
长 × 宽 × 高 (毫米)	2210×835×1390
座高	760 毫米
轴距	1565 毫米
整备重量	213 千克
最高车速	139 千米 / 时
主油箱容量	12.8 升

宝马 C400 GT 的外观设计符合空气动力学原理，搭配通俗易懂的设计语言，使该摩托车的操作更易上手。该摩托车的坐垫填充和弹性都很不错，腰部的支撑也同样出色。作为一款旅行车，驾驶者的脚部位置和搭乘者的脚部位置都进行了优化，确保驾驶者和搭乘者都能有一个舒服的姿态。与宝马 C400 X 不同的是，宝马 C400 GT 的风挡更高，从而提升了高速行驶时的防风能力。宝马 C400 GT 由一台单缸发动机提供动力，标配无级变速器、振动解耦和自动稳定性控制。

宝马 C400 GT 侧面视角

宝马 C400 GT 过弯

博速 1300R

博速 1300R 是德国博速公司设计制造的一款摩托车，于 2022 年限量生产 154 辆（欧洲售价为 3.95 万欧元），2023 年限量生产 290 辆（欧洲售价为 4.25 万欧元）。

博速 1300R 是博速与奥地利摩托制造商 KTM 公司合作打造的产品，同时也是博速这个全球知名的梅赛德斯—奔驰

基本参数 (2023 年款)	
上市时间	2023 年
类型	街车
发动机	V 型双缸四冲程 1300cc
变速器	国际 6 挡
长 × 宽 × 高 (毫米)	2070×855×1120
座高	845 毫米
轴距	1497 毫米
整备重量	205 千克
最高车速	270 千米 / 时
主油箱容量	16 升

御用改装品牌的首款摩托车。该摩托车是基于 KTM 1290 超级公爵 R EVO 而打造的，同时博速加入了自己对摩托车的理解，在其基础上采用了大量的碳纤维和合金材质改装件，以及各种定制零部件，改变了 Super Duke 原有的风格，同时也彰显了其独特的高端定位。

博速 1300R 采用更具复古风格的圆形头灯，原本位于车头的进气口被移至油箱两侧。为了提升制动性能，博速 1300R 还配备了碳纤维导流罩，目的是提高前刹车的散热效率。电子控制部分则与 KTM 1290 超级公爵

R EVO 别无二致，包括仪表、牵引力控制、发动机制动、巡航控制、防抱死制动、无钥匙启动、自动取消转向信号灯、胎压监测和一系列骑行模式等。其发动机压缩比为 13.5:1，在 9500 转 / 分时可爆发 132 千瓦的最大功率，在 8000 转 / 分时可释放 140 牛米的峰值扭矩。

博速 1300R 开启大灯

博速 1300R 侧后方视角

标致大都会 400i

标致大都会 400i（Metropolis 400i）是法国标致摩托车制造公司设计制造的一款摩托车，于 2012 年开始量产，官方指导价为人民币 12.98 万元。

标致大都会 400i 采用前双轮后单轮的踏板式车身设计，车身为铝合金材质。其外观采用了标致汽车的设计元素，宽大的车头部分有一种旅行车的

基本参数 (2022 年款)	
上市时间	2022 年 9 月
类型	三轮车
发动机	单缸四冲程 400cc
变速器	无级变速器
长 × 宽 × 高 (毫米)	2152×760×1410
座高	780 毫米
轴距	1500 毫米
整备重量	264 千克
最高车速	150 千米 / 时
主油箱容量	13 升

厚重感。两个前轮的宽度没有超过发动机与排气管的宽度，保证了两轮踏板车的通过性，两个前轮分别设置了独立的塑料轮眉。水箱隐藏在格栅后部，散热格栅位于前面板下方，燃油加注口设置在坐垫下方。前挡风玻璃可以手动调节。

标致大都会 400i 搭载的发动机压缩比为 11.8：1，使用 95 号汽油，在 7250 转 / 分时可爆发 26.2 千瓦的最大功率，在 5750 转 / 分时可释放 38.1 牛米的峰值扭矩。该摩托车配备了胎压传感器、智能无钥匙启动、电子驻

车系统、防倾斜系统和可调座椅，配有模拟表盘和 LCD 显示屏。刹车采用三盘制动搭配防抱死制动系统和联动刹车系统。

标致大都会 400i 侧面视角

标致大都会 400i 侧前方视角

标致 SpeedFight 4

标致 SpeedFight 4 是法国标致摩托车制造公司设计制造的一款摩托车，于 2014 年开始量产，官方指导价为人民币 1.55 万元。

标致 SpeedFight 系列于 1997 年问世，累计销量已超过 80 万台，是欧洲市场保有量较大的运动踏板车之一。标致 SpeedFight 4 作为第四代车型，

基本参数 (2023 年款)	
上市时间	2023 年 1 月
类型	踏板车
发动机	单缸四冲程 150cc
变速器	无级变速器
长 × 宽 × 高 (毫米)	1908×715×1135
座高	800 毫米
轴距	1319 毫米
整备重量	125 千克
最高车速	98 千米 / 时
主油箱容量	7.4 升

延续了该系列的运动基因。该摩托车采用狮眼 LED 大灯设计，外加透镜，夜间行驶时的穿透力和辨识度都很高。尾灯采用狮爪抓痕式造型，打开之后极具运动感。除了运动性能外，标致也非常注重车辆的实用性能，设计时提前预留了手机导航支架接口、12V 车载充电器接口和 USB 手机充电接口，无须后期改装。

标致 SpeedFight 4 搭载的发动机压缩比为 11∶1，使用 92 号汽油，在 7500 转 / 分时可爆发 9.3 千瓦的最大功率，在 5500 转 / 分时可释放 13.2 牛米的峰值扭矩，官方公布的平均油耗为 2.5 升 / 百公里。该摩托车配备干式离合器，采用皮带传动，前 / 后轮规格均为 130/60-13，前 / 后制动系统均为

碟刹。该摩托车并未采用防抱死制动系统，而是采用前后双碟刹的设计和联动刹车系统。

标致 SpeedFight 4 侧面视角

标致 SpeedFight 4 侧前方视角

标致姜戈 150

标致姜戈 150（Django 150）是法国标致摩托车制造公司设计制造的一款摩托车，于 2017 年开始量产，官方指导价为人民币 2.28 万至 2.48 万元。

标致姜戈 150 是标致旗下的畅销踏板车，同时也是欧式复古踏板车的代表之一，其独特的欧式复古设计、丰富多样的色彩搭配和充满个性的外观

基本参数 (2023 年款)	
上市时间	2023 年 1 月
类型	踏板车
发动机	单缸四冲程 150cc
变速器	无级变速器
长 × 宽 × 高 (毫米)	1925×710×1190
座高	780 毫米
轴距	1350 毫米
整备重量	135 千克
最高车速	100 千米 / 时
主油箱容量	8.5 升

改装，使该车的造型独一无二。该摩托车的车身线条流畅，六边形大灯和高亮 LED 日间行车灯带的巧妙运用，使其更显硬朗气质。车身侧面采用棱线修饰和双色拼接设计，使整辆车看起来动感十足。

标致姜戈 150 搭载的发动机压缩比为 11∶1，使用 92 号汽油，在 7500 转 / 分时可爆发 9.3 千瓦的最大功率，在 6000 转 / 分时可释放 13.2 牛米的峰值扭矩。该摩托车配备干式离合器，采用皮带传动，前 / 后轮规格均为 120/70-12，前 / 后制动系统均为碟刹。

比亚乔 Beverly 300

比亚乔 Beverly 300 是意大利比亚乔公司设计制造的一款摩托车，于 2005 年开始量产，官方指导价为人民币 5.98 万元。

比亚乔 Beverly 300 是一款欧式大轮踏板车，其采用高强度钢管双摇篮式车架，车身修长。L 形 LED 日间行车灯和中间镀铬装饰条明显提升了车头质感，日间行车灯上方为卤素光源的前转向灯。车辆尾部设计饱满，竖直的 LED 刹车灯造型独特，后转向灯与大灯一样采用了卤素光源。金属材质的后货架用料扎实，提升后期加装尾箱时的便利性。该摩托车的座椅层次感分明，为驾驶者与搭乘者提供独立且宽裕的空间。驾驶席凸起部分可充当臀部支撑，以减轻驾驶疲劳。

基本参数 (2020 年款)	
上市时间	2020 年
类型	踏板车
发动机	单缸四冲程 300cc
变速器	无级变速器
长 × 宽 × 高 (毫米)	2210×800×1410
座高	790 毫米
轴距	1535 毫米
整备重量	182 千克
最高车速	128 千米 / 时
主油箱容量	12.5 升

比亚乔 Beverly 300 搭载的发动机在 7250 转 / 分时可爆发 15.5 千瓦的最大功率，在 5750 转 / 分时可释放 22.5 牛米的峰值扭矩。该摩托车采用米其林提供的 CITY Grip 系列轮胎，这种轮胎是专门针对城市踏板车研发的产品，最大特点是增强了湿地的性能表现，前轮规格为 110/70-R16，后轮规格为 140/70-R14。

比亚乔 MP3 300

比亚乔 MP3 300 是意大利比亚乔公司设计制造的一款摩托车，于 2009 年开始量产，官方指导价为人民币 7.88 万元。

比亚乔 MP3 300 将运动与舒适巧妙结合，纤细轻盈的线条勾勒出张扬的车头。该摩托车配备高亮度照明灯组，在保证行车安全的同时，也进一步提高了车辆的辨识度。独特的

基本参数 (2020 年款)	
上市时间	2020 年 7 月
类型	三轮车
发动机	单缸四冲程 300cc
变速器	无级变速器
长 × 宽 × 高 (毫米)	2000×800×1505
座高	780 毫米
轴距	1450 毫米
整备重量	225 千克
最高车速	129 千米 / 时
主油箱容量	11 升

铰链型悬架系统，跟传统的两轮悬架系统区分开来，相比两轮车来说，能提供更好的抓地效果，同时增加了车辆行驶的稳定性，使其在城市街道中能够自由穿梭，从而降低了车辆的驾驶难度。

比亚乔 MP3 300 搭载的发动机在 7750 转 / 分时可爆发 19.3 千瓦的最大功率，在 6500 转 / 分时可释放 26 牛米的峰值扭矩。该摩托车配备干式离合器，采用皮带传动，前轮规格为 110/70-13，后轮规格为 140/60-14。三个车轮均采用盘式制动系统，前轮刹车盘直径为 258 毫米，后轮刹车盘直径为 240 毫米。

比亚乔 MP3 300 侧前方视角

比亚乔 MP3 300 侧面视角

比亚乔 MP3 500

比亚乔 MP3 500 是意大利比亚乔公司设计制造的一款摩托车，于 2011 年开始量产，官方指导价为人民币 11.6 万元。

比亚乔 MP3 500 采用双前轮单后轮的倒三轮设计，这使它具备了强大的稳定性。创新型的车头悬架系统令其可做 40 度倾斜。前双碟刹与后单碟刹设计，加上前后防抱死制动系

基本参数 (2022 年款)	
上市时间	2022 年 6 月
类型	三轮车
发动机	单缸四冲程 500cc
变速器	无级变速器
长 × 宽 × 高 (毫米)	2160×775×1350
座高	790 毫米
轴距	1540 毫米
整备重量	244 千克
最高车速	145 千米 / 时
主油箱容量	13 升

统，使其可以迅速制动，在一般路面上的刹车距离远小于传统车型。前轮配备铰接四柱式液压减震器，行程为 85 毫米；后轮配备四段预载可调双液压减震器，行程为 108 毫米。

比亚乔 MP3 500 搭载的发动机压缩比为 11：1，在 7750 转 / 分时可爆发 32.5 千瓦的最大功率，在 5500 转 / 分时可释放 47.5 牛米的峰值扭矩。该摩托车配备干式离合器，采用皮带传动，前轮规格为 110/70-13，后轮规格为 140/70-14。

比亚乔 MP3 500

比亚乔 MP3 500 侧后方视角

比亚乔 Medley 150

比亚乔 Medley 150 是意大利比亚乔公司设计制造的一款摩托车，于 2015 年开始量产，官方指导价为人民币 2.48 万至 2.58 万元。

比亚乔 Medley 150 的整体造型延续了比亚乔家族的欧式设计风格，车身线条流畅柔和，质感强烈。该摩托车拥有 USB 充电接口、LCD 多功能数字仪

基本参数 (2023 年款)	
上市时间	2023 年 5 月
类型	踏板车
发动机	单缸四冲程 155cc
变速器	无级变速器
长 × 宽 × 高 (毫米)	2020×705×1175
座高	799 毫米
轴距	1395 毫米
整备重量	144 千克
最高车速	120 千米 / 时
主油箱容量	7 升

表、发动机启停功能、前后真空轮胎、LED 光源等配置，还可选配电加热坐垫。36 升的坐桶空间放得下两顶头盔。

比亚乔 Medley 150 搭载的发动机压缩比为 12.5：1，使用 95 号汽油，在 8750 转 / 分时可爆发 12.4 千瓦的最大功率，在 6500 转 / 分时可释放 15 牛米的峰值扭矩，官方公布的平均油耗为 2.45 升 / 百公里。该摩托车配备干式离合器，采用皮带传动，前轮规格为 100/80-16，后轮规格为 120/70-14。前制动系统为带有双活塞浮动制动钳的 260 毫米盘式制动器，后制动系统为带有双活塞浮动制动钳的 240 毫米盘式制动器，前后轮均标配防抱死制动系统。

红色涂装的比亚乔 Medley 150

比亚乔 Medley 150 过弯

贝纳利 TNT 899

贝纳利 TNT 899 是意大利贝纳利公司（现已被中国浙江钱江摩托股份有限公司收购）设计制造的一款摩托车，海外版于 2007 年开始量产，钱江摩托推出的国产版于 2022 年上市，官方指导价为人民币 7.98 万元。

贝纳利 TNT 899 采用螳螂仿生设计理念，车身线条棱角

基本参数 (2022 年款)	
上市时间	2022 年 7 月
类型	街车
发动机	直列三缸四冲程 899cc
变速器	国际 6 挡
长 × 宽 × 高（毫米）	2080×815×1100
座高	820 毫米
轴距	1440 毫米
整备重量	210 千克
最高车速	238 千米 / 时
主油箱容量	15.5 升

分明，与现代街车主流的干练风格完全不同。国产版最大限度地保留了海外版的风采，"螳螂头"和"螳螂刀手"水箱都得以延续。不过，国产版在细节和配置部分作出了一些现代化的调整，以满足当下的审美标准和功能需求。例如，卤素光源升级为 LED 光源，仪表改为 5 英寸 TFT 全彩显示屏，手把按键改为当下流行的多功能背光形式，而且加入了 USB 充电接口。

贝纳利 TNT 899 搭载的发动机压缩比为 12.5：1，在 10000 转 / 分时可爆发 88 千瓦的最大功率，在 8000 转 / 分时可释放 88 牛米的峰值扭矩。该车配备湿式多片滑动离合器，采用链条传动，前轮规格为 120/70-ZR17，后轮规格为 190/50-ZR17。前制动系统为 320 毫米双碟搭配布雷博对向四

活塞卡钳，后制动系统为 240 毫米单碟刹搭配布雷博单活塞卡钳，前后轮均标配防抱死制动系统。

贝纳利 TNT 899 右侧视角

贝纳利 TNT 899 侧后方视角

贝纳利 BN302S

贝纳利 BN302S 是意大利贝纳利公司设计制造的一款摩托车，于 2018 年开始量产，官方指导价为人民币 2.58 万至 2.66 万元。

贝纳利 BN302S 采用时尚的外观设计，整车线条流畅，外观造型简洁大方。前大灯采用 LED 光源，具有良好的照明效果，同时还增添了整车的

基本参数 (2021 年款)	
上市时间	2021 年 5 月
类型	街车
发动机	直列双缸四冲程 300cc
变速器	国际 6 挡
长 × 宽 × 高 (毫米)	2130×800×1120
座高	795 毫米
轴距	1410 毫米
整备重量	204 千克
最高车速	160 千米 / 时
主油箱容量	16 升

时尚感。车身采用双座设计，座椅宽大舒适，可以满足长时间骑行的需求。整车采用白、红、黑三种配色方案，可以满足不同驾驶者的个性化需求。

贝纳利 BN302S 搭载的发动机压缩比为 12：1，使用 95 号汽油，在 12000 转 / 分时可爆发 26 千瓦的最大功率，在 9000 转 / 分时可释放 27 牛米的峰值扭矩。该摩托车配备湿式多片滑动离合器，采用链条传动，前轮规格为 120/70-R17，后轮规格为 160/60-R17。前制动系统为对向四活塞卡钳搭配 260 毫米双碟刹，后制动系统为单活塞卡钳搭配 240 毫米单碟刹。

贝纳利 BN302S 侧后方视角

贝纳利 BN302S 过弯

贝纳利幼狮 800

贝纳利幼狮 800（Leoncino 800）是意大利贝纳利公司设计制造的一款摩托车，于 2019 年开始量产，官方指导价为人民币 5.58 万至 5.98 万元。

贝纳利幼狮 800 采用编织式钢管前后分段式车架，风挡和大灯采用一体式设计，整体外观造型颇具力量感。前悬架系统采用一对直径为 50 毫米

基本参数（2021 年款）	
上市时间	2021 年 3 月
类型	复古车
发动机	直列双缸四冲程 750cc
变速器	国际 6 挡
长 × 宽 × 高（毫米）	2140×880×1170
座高	800 毫米
轴距	1460 毫米
整备重量	223 千克
最高车速	190 千米 / 时
主油箱容量	15 升

的马祖奇倒置前叉，具有压缩和预载可调功能，行程达到 130 毫米，保证了驾驶者的舒适性、稳定性和运动性；后悬架系统为可调弹簧预载的中置式减震，行程为 45 毫米。

贝纳利幼狮 800 搭载的发动机压缩比为 11.5：1，使用 95 号汽油，在 9000 转 / 分时可爆发 60 千瓦的最大功率，在 6500 转 / 分时可释放 69 牛米的峰值扭矩。该发动机采用了先进的电子燃油喷射系统和水冷技术，具有极其精准的燃油控制和高效的排气性能，发动机与国际 6 挡湿式多片滑动

离合变速器和传统的链条传动相匹配,在实现平稳换挡的同时,还能保证卓越的加速性能。

贝纳利幼狮 800 侧后方视角

贝纳利幼狮 800 侧面视角

贝纳利 600 GC

贝纳利 600 GC 是意大利贝纳利公司设计制造的一款摩托车，于 2021 年开始量产，官方指导价为人民币 5.98 万元。

贝纳利 600 GC 采用现代化的设计风格，采用了全 LED 灯组、数字仪表盘等配置，同时具备良好的操控性和舒适性，适合进行中长途旅行或者日常通勤。该摩托车拥有电

基本参数 (2022 年款)	
上市时间	2022 年 5 月
类型	旅行车
发动机	直列四缸四冲程 600cc
变速器	国际 6 挡
长 × 宽 × 高 (毫米)	2190×860×1270
座高	800 毫米
轴距	1450 毫米
整备重量	280 千克
最高车速	190 千米 / 时
主油箱容量	27 升

动升降风挡，风挡面积较大，可根据驾驶者的不同身高进行调节。贝纳利 600 GC 标配西班牙夏德（Shad）三箱，旅行车的氛围感十足。

贝纳利 600 GC 搭载的发动机压缩比为 11.5∶1，使用 95 号汽油，在 11000 转 / 分时可爆发 60 千瓦的最大功率，在 8000 转 / 分时可释放 55 牛米的峰值扭矩。该摩托车配备湿式多片滑动离合器，采用链条传动，前轮规格为 120/70-ZR17，后轮规格为 180/55-ZR17。

贝纳利 1200 GT

贝纳利 1200 GT 是意大利贝纳利公司设计制造的一款摩托车，于 2022 年开始量产，官方指导价为人民币 9.98 万元。

贝纳利 1200 GT 厚重感十足的外观造型非常抢眼，富有层次感和颇具威严感的车头设计，配合车身宽大的导流罩，除了营造视觉上的美感外，还提供了充足的风

基本参数 (2022 年款)	
上市时间	2022 年
类型	旅行车
发动机	直列三缸四冲程 1200cc
变速器	国际 6 挡
长 × 宽 × 高 (毫米)	2400×970×1620
座高	780 毫米
轴距	1550 毫米
整备重量	320 千克
最高车速	230 千米 / 时
主油箱容量	22 升

阻保护。三箱配置是旅行车的重要元素，大容量边箱与 50 升尾箱能够容纳较多的物品。在配置方面，贝纳利 1200 GT 拥有电动风挡、电折叠后视镜、电动大撑、手把加热、坐垫加热等。

贝纳利 1200 GT 搭载的发动机压缩比为 11.5：1，使用 95 号汽油，在 9000 转 / 分时可爆发 100 千瓦的最大功率，在 6500 转 / 分时可释放 120 牛米的峰值扭矩。该摩托车的前制动系统采用布雷博提供的对向四活塞卡钳，配合 320 毫米双浮动碟，可提供强大的制动力。防抱死制动系统与联动刹车系统的组合，让安全性得到进一步提升。在悬架系统方面，贝纳利 1200 GT 采用 KYB 提供的阻尼可调倒立式前叉，后减震同样由 KYB 提供，且具备预载调节功能。

贝纳利 TRK 702

贝纳利 TRK 702 是意大利贝纳利公司设计制造的一款摩托车，于 2022 年开始量产，官方指导价为人民币 4.68 万至 5.08 万元。

贝纳利 TRK 702 的车身比较宽大，车身线条硬朗简洁，看起来极具力量感。前脸的"鸟嘴"和"鹰眼"造型的 LED 大灯辨识度较高。贯穿式的大

基本参数 (2022 年款)	
上市时间	2022 年 8 月
类型	探险车
发动机	直列双缸四冲程 700cc
变速器	国际 6 挡
长 × 宽 × 高 (毫米)	2330×940×1395
座高	825 毫米
轴距	1500 毫米
整备重量	220 千克
最高车速	190 千米 / 时
主油箱容量	20 升

灯设计，看上去像是给摩托车戴了一副越野风镜。大灯两侧安装了一组透明的小风挡，与两侧护手配合，能产生一定的风阻保护效果。该摩托车采用分体式坐垫设计，驾驶位坐垫在前段做了收窄处理。在功能配置上，拥有胎压监测、手把加热、坐垫加热等，还有高清记录仪为骑行保驾护航。

贝纳利 TRK 702 搭载的发动机压缩比为 11.6∶1，在 8500 转 / 分时可爆发 56 千瓦的最大功率，在 6250 转 / 分时可释放 68.2 牛米的峰值扭矩。该摩托车配备湿式多片滑动离合器，采用链条传动，前轮规格为 110/80-R19，后轮规格为 150/70-R17。

贝纳利龙卷风402R

贝纳利龙卷风402R（Tornado 402R）是意大利贝纳利公司设计制造的一款摩托车，于2023年开始量产，官方指导价为人民币3.18万元。

贝纳利龙卷风402R的外观造型不仅延续了龙卷风系列的家族式特征，而且在细节之处精雕细琢，层次分明的腰线，营造出强烈的运动气息。该摩

基本参数 (2023 年款)	
上市时间	2023 年 3 月
类型	跑车
发动机	直列双缸四冲程 400cc
变速器	国际 6 挡
长 × 宽 × 高 (毫米)	2030×750×1150
座高	785 毫米
轴距	1380 毫米
整备重量	172 千克
最高车速	170 千米 / 时
主油箱容量	14.8 升

托车配备了 TFT 全彩仪表、手机投屏导航、车机互联、OTA 升级、胎温胎压检测、全车 LED 光源、双透镜自动大灯、前置行车记录仪，带背光的车把按键、USB 充电接口等功能，方便日常使用。

贝纳利龙卷风402R 搭载的发动机压缩比为 11.5∶1，在 10000 转 / 分时可爆发 35 千瓦的最大功率，在 8000 转 / 分时可释放 38 牛米的峰值扭矩。该摩托车配备湿式多片滑动离合器，采用链条传动，前轮规格为 110/70-R17，后轮规格为 150/60-R17。贝纳利龙卷风402R 标配前后防抱死制动系统和可关闭的牵引力控制系统。

杜卡迪749

杜卡迪 749 是意大利杜卡迪公司设计制造的一款摩托车，于 2003—2006 年量产。

杜卡迪 749 的设计工作全部采用 CAD 软件辅助，并借助了其他最新科技，使该摩托车的结构更简单，实用性更强。2003 年，杜卡迪 749 开始量产，之后相继推出了杜卡迪 749 Dark、杜卡迪 749S 和杜卡迪 749R 等型号，以满足不同客户的需求。2006 年，杜卡迪 749 系列停产，

基本参数 (2003 年款)	
上市时间	2003 年
类型	跑车
发动机	V 型双缸四冲程 748cc
变速器	国际 6 挡
长 × 宽 × 高 (毫米)	2095×1090×1420
座高	780 毫米
轴距	1420 毫米
整备重量	188 千克
最高车速	254 千米 / 时
主油箱容量	15.5 升

被杜卡迪 848 取代。

杜卡迪 749 的捆杆式车架采用高刚性的 ALS 450 钢管制造，搭载 V 型双缸水冷发动机和干式离合器。与杜卡迪 748 相比，杜卡迪 749 的发动机经过多项改良，包括全新设计的曲轴、汽缸和盘顶。排气量虽然维持在 748cc，缸径由 88 毫米增大至 90 毫米，活塞冲程则由 61.5 毫米缩短至 58.8 毫米，使缸径冲程比度大。更高的压缩比（由 11.5 增至 11.7），更紧密的阀门摆放角度，配合由 50 毫米口径增大至 54 毫米口径的马雷利电子燃油喷注系统，使杜卡迪 749 的最大功率增至 79.4 千瓦，扭矩也略有提升。

杜卡迪 749 过弯

红色涂装的杜卡迪 749

杜卡迪 848

杜卡迪 848 是意大利杜卡迪公司设计制造的一款摩托车，于 2008—2013 年量产。

2007 年 11 月 6 日，杜卡迪公司首次对外公布了杜卡迪 848 的研发计划。2008 年，第一代杜卡迪 848 开始量产，并取代了杜卡迪 749。2011 年，杜卡迪公司又推出了功率更大的杜卡迪 848 EVO。2013 年，

基本参数 (2008 年款)	
上市时间	2008 年
类型	跑车
发动机	L 型双缸四冲程 849cc
变速器	国际 6 挡
长 × 宽 × 高 (毫米)	2100×825×1100
座高	830 毫米
轴距	1430 毫米
整备重量	168 千克
最高车速	256 千米 / 时
主油箱容量	15.5 升

杜卡迪公司宣布杜卡迪 848 被杜卡迪 899 取代。

杜卡迪 848 采用管式编织车架和经典单摇臂的设计，配备全液晶仪表，车头的 LED 灯尺寸较大。该摩托车搭载一台 L 型双缸四冲程水冷发动机，最大功率为 100 千瓦，峰值扭矩为 84.1 牛米，压缩比为 12∶1。杜卡迪 848 采用湿式离合器，而不是杜卡迪公司传统的干式离合器。杜卡迪公司称湿式离合器可以减轻重量，延长离合器的使用寿命，并降低噪声。与第一代杜卡迪 848 相比，杜卡迪 848 EVO 对发动机进行了微小的改动，包括新的马瑞利节气门体，改进的气缸盖，带有直进气口和重新设计的燃烧室。杜卡迪公司称这些改动使发动机功率增加了 4.5 千瓦。

白色涂装的杜卡迪 848

杜卡迪 848 侧前方视角

杜卡迪帕尼加莱 V4

杜卡迪帕尼加莱 V4（Panigale V4）是意大利杜卡迪公司设计制造的一款摩托车，于 2018 年开始量产，官方指导价为人民币 25.9 万至 42.5 万元。

杜卡迪帕尼加莱 V4 的整车造型非常独特，前脸线条流畅，尤其是两个锐利的大灯，让人一眼就能认出它的身影。车身侧面的线条也非常流畅，

基本参数 (2022 年款 V4 SP2)	
上市时间	2022 年 9 月
类型	跑车
发动机	V 型四缸四冲程 1100cc
变速器	国际 6 挡
长 × 宽 × 高（毫米）	2085×745×1165
座高	850 毫米
轴距	1469 毫米
整备重量	200 千克
最高车速	305 千米 / 时
主油箱容量	17 升

沙漏形状的油箱，辨识度极高。车尾高高上翘，充满运动感。目前在售车型分为 V4、V4 S 和 V4 SP2 三个版本，三者区别主要在于动力系统和悬架系统。V4 S 比 V4 功率更大，增加了电子悬架。V4 SP2 更偏向专业级别，操控性能相比之下得到了大幅提升。

杜卡迪帕尼加莱 V4 系列搭载的发动机压缩比为 14:1，使用 95 号汽油，在 13000 转 / 分时可爆发 157.2 千瓦（V4）/157.5 千瓦（V4 S 和 V4 SP2）的最大功率，在 10000 转 / 分时可释放 124 牛米的峰值扭矩，官方公布的平均油耗为 6.46 升 / 百公里。V4 和 V4 S 配备湿式多片滑动离合器，V4 SP2 配备干式多片离合器，各个版本均采用链条传动。

杜卡迪帕尼加莱 V4 侧前方视角

杜卡迪帕尼加莱 V4 过弯

杜卡迪骇客 950

　　杜卡迪骇客 950（Hypermotard 950）是意大利杜卡迪公司设计制造的一款摩托车，于 2019 年开始量产，官方指导价为人民币 13.8 万至 17.3 万元。

　　杜卡迪骇客 950 采用充满激情和创意的涂鸦风格外观，既保留了杜卡迪经典的设计元素，又在细节处大胆创新。黑色"Y"字形三辐合金轮毂以

基本参数 (2021 年款)	
上市时间	2021 年 1 月
类型	街车
发动机	L 型双缸四冲程 950cc
变速器	国际 6 挡
长 × 宽 × 高 (毫米)	2190×922×1220
座高	870 毫米
轴距	1493 毫米
整备重量	205 千克
最高车速	200 千米 / 时
主油箱容量	14 升

俏皮的红色部分为点缀，格外醒目。尖锐锋利的长鸟嘴设计，其细节处也加入了涂鸦风格，搭配同样犀利的 LED 灯组，如鹰隼般凶猛。车机采用 4.3 英寸 TFT 全彩液晶仪表，设计灵感来自杜卡迪帕尼加莱 V4，内容简洁清晰，支持多模调节，同时拥有杜卡迪多媒体系统、六轴 IMU、车轮控制等功能配置。

　　杜卡迪骇客 950 搭载一台 L 型双缸水冷发动机，采用双顶置凸轮轴（DOHC）、四气门结构设计，特殊的结构确保最大功率下的平稳输送、低转速和低消耗下的强劲扭矩。该发动机最大功率为 82.5 千瓦，峰值扭矩为 93.5 牛米，匹配快速换挡和湿式多片滑动离合，能够为车辆提供更加平滑的换挡体验。

杜卡迪骇客 950 侧前方视角

杜卡迪骇客 950 侧后方视角

杜卡迪大魔鬼 1260

杜卡迪大魔鬼1260（Diavel 1260）是意大利杜卡迪公司设计制造的一款摩托车，于2019年开始量产，官方指导价为人民币21.8万至34.8万元。

杜卡迪大魔鬼1260拥有独特的外观设计，黑色车架与金色前叉形成鲜明的对比，极具运动感。整车的线条流畅，且极具张力。同时，杜卡迪大

基本参数 (2021 年款)	
上市时间	2021 年 1 月
类型	巡航车
发动机	L 型双缸四冲程 1260cc
变速器	国际 6 挡
长 × 宽 × 高 (毫米)	2273×938×1151
座高	780 毫米
轴距	1600 毫米
整备重量	247 千克
最高车速	246 千米 / 时
主油箱容量	16 升

魔鬼1260还配备了一些特殊的附件，如LED日间行车灯、中置排气管和羊皮座椅，这些设计让车辆显得更加独特。

杜卡迪大魔鬼1260搭载的发动机压缩比为13:1，使用95号汽油，在9700转/分时可爆发117千瓦的最大功率，在7500转/分时可释放129牛米的峰值扭矩，官方公布的平均油耗为5.4升/百公里。该车拥有多种驾驶模式，可以根据路况和驾驶者的个性需求进行调整。同时，杜卡迪大魔鬼1260还配备了牵引力控制系统、杜卡迪快速换挡系统等高级配置，让驾驶过程更稳定、更舒适。

杜卡迪大魔鬼 1260 过弯

杜卡迪大魔鬼 1260 侧前方视角

杜卡迪街霸 V4

杜卡迪街霸 V4（StreetFighter V4）是意大利杜卡迪公司设计制造的一款摩托车，于 2020 年开始量产，官方指导价为人民币 21.3 万至 34.5 万元。

杜卡迪街霸 V4 的外观设计充满了力量感和运动感，其设计灵感源于杜卡迪帕尼加莱 V4，但又有所不同。与杜卡迪帕尼加莱 V4 相比，杜卡迪街

基本参数（2021 年款）	
上市时间	2021 年 1 月
类型	街车
发动机	V 型四缸四冲程 1100cc
变速器	国际 6 挡
长 × 宽 × 高（毫米）	2065×775×1110
座高	845 毫米
轴距	1488 毫米
整备重量	205 千克
最高车速	299 千米 / 时
主油箱容量	16 升

霸 V4 更加暴躁和野性，具有立体感更强的线条。其前脸采用了 LED 头灯和鲨鱼鳍式散热器，让车头看起来更加锋利和富有动感。车身采用裸露式设计，让人可以清晰地看到发动机和机械结构，同时也凸显了车辆的运动气质。

杜卡迪街霸 V4 搭载的发动机压缩比为 14:1，使用 95 号汽油，在 13000 转 / 分时可爆发 153.2 千瓦的最大功率，在 11500 转 / 分时可释放 123 牛米的峰值扭矩，官方公布的平均油耗为 6.46 升 / 百公里。该摩托车全系列标配了防抱死制动系统、牵引力控制系统、转向阻尼器、电子油门、快速换挡系统等配置。

行驶中的杜卡迪街霸 V4

杜卡迪街霸 V4 右侧视角

杜卡迪揽途 V4

杜卡迪揽途 V4（Multistrada V4）是意大利杜卡迪公司设计制造的一款摩托车，于 2021 年开始量产，官方指导价为人民币 21.5 万至 33.3 万元。

杜卡迪揽途 V4 的外观设计简洁大方，同时也注重实用性和运动性，让驾驶者既能享受到高性能带来的乐趣，又能满足日常驾驶的需求。车头采

基本参数（2022 年款）	
上市时间	2022 年 5 月
类型	探险车
发动机	V 型四缸四冲程 1160cc
变速器	国际 6 挡
长 × 宽 × 高（毫米）	2130×965×1340
座高	810 毫米
轴距	1567 毫米
整备重量	228 千克
最高车速	220 千米 / 时
主油箱容量	20 升

用全 LED 大灯和鲨鱼鳍式散热器，上方配备有可调节的风挡，让车头看起来棱角分明，充满力量感。车身采用了流畅的线条和大胆的曲面设计，整个车身显得非常紧凑和协调。车身侧面的油箱和座椅设计非常协调，同时配备了宽大的后挡泥板和侧包架等实用性配置。

杜卡迪揽途 V4 搭载的发动机压缩比为 14：1，使用 98 号汽油，在 10500 转 / 分时可爆发 125 千瓦的最大功率，在 8750 转 / 分时可释放 125 牛米的峰值扭矩，官方公布的平均油耗为 6.5 升 / 百公里。该摩托车配备湿式多片滑动离合器，采用链条传动。

杜卡迪揽途 V4 侧面视角

杜卡迪揽途 V4 过弯

胡斯瓦纳 Norden 901

胡斯瓦纳 Norden 901 是意大利胡斯瓦纳公司设计制造的一款摩托车，于 2021 年开始量产，官方指导价为人民币 13.98 万元。

胡斯瓦纳 Norden 901 宽大而流畅的车身能够给人带来强烈的视觉冲击力，其外观造型硬朗、粗犷，与其他大型探险摩托车截然不同，充满了野性

基本参数 (2023 年款)	
上市时间	2023 年
类型	探险车
发动机	直列双缸四冲程 890cc
变速器	国际 6 挡
长 × 宽 × 高 (毫米)	2285×920×1400
座高	854 毫米
轴距	1560 毫米
整备重量	214.5 千克
最高车速	200 千米 / 时
主油箱容量	19 升

和探险感。车身采用高质量材料打造，极具耐久性和可靠性，这也是胡斯瓦纳一贯的风格。整流罩、圆形大灯具有浓郁的复古味道，与胡斯瓦纳其他车系有着相似的设计理念，在突出胡斯瓦纳家族风格的同时，又借鉴了传统拉力赛车的灵感。

胡斯瓦纳 Norden 901 搭载一台直列双缸水冷发动机，在 8000 转 / 分时可爆发 77 千瓦的最大功率，在 6500 转 / 分时可释放 100 牛米的峰值扭矩，官方公布的平均油耗为 4.5 升 / 百公里。该发动机动力充沛，加速迅猛，换挡顺畅，很好地满足了探险车爱好者对动力和操控的要求。胡斯瓦纳在该摩托车研发之初就邀请达喀尔拉力赛冠军和专业探险家对其进行了极限测试

工作，测试地点就在靠近北极圈的冰岛，而胡斯瓦纳 Norden 901 也不负众望，顺利地通过了各项严峻考验。

胡斯瓦纳 Norden 901 侧前方视角

停放在草地上的胡斯瓦纳 Norden 901

意塔杰特 Dragster 200

意塔杰特 Dragster 200 是意大利意塔杰特公司设计制造的一款摩托车，于 2021 年开始量产，官方指导价为人民币 3.268 万元。

意塔杰特 Dragster 200 拥有超前的科幻外观，与传统踏板车截然不同，让人看过一眼就很难忘记。其车身采用铝合金材质与网格式框架相结合，

基本参数 (2022 年款)	
上市时间	2021 年 11 月
类型	踏板车
发动机	单缸四冲程 200cc
变速器	无级变速器
长 × 宽 × 高 (毫米)	1890×750×1075
座高	760 毫米
轴距	1350 毫米
整备重量	140 千克
最高车速	125 千米 / 时
主油箱容量	9 升

既减轻了车身重量，也突出了其标志性的外观设计，搭配整体车身配色，给人一种蓄势待发的感觉。犀利的前脸设计，看上去就像一副面具。车把采用压铸铝制成，带有侧向半车把，同时还集成了左右转向灯，使车辆更具运动感。

意塔杰特 Dragster 200 搭载一台水冷式自然吸气单缸四气门发动机，压缩比为 12.1 : 1，在 8250 转 / 分时可爆发 14.6 千瓦的最大功率，在 6250 转 / 分时可释放 17 牛米的峰值扭矩。该摩托车配备干式离合器，采用皮带传动，前轮规格为 120/70-12，后轮规格为 140/60-13。

意塔杰特 Dragster 200 左侧视角

意塔杰特 Dragster 200 右侧视角

KTM 1290 超级公爵

KTM 1290 超级公爵（Super Duke）是奥地利 KTM 公司设计制造的一款摩托车，于 2014 年开始量产，官方指导价为人民币 21.58 万至 21.98 万元。

KTM 1290 超级公爵作为 KTM 旗下为数不多的街车之一，拥有野兽般的外观。该摩托车采用亮黑色和哑光碳纤维风格涂装，车身与车架形成了

基本参数 (2023 年款)	
上市时间	2023 年 6 月
类型	街车
发动机	V 型双缸四冲程 1300cc
变速器	国际 6 挡
长 × 宽 × 高 (毫米)	2120×844×1119
座高	835 毫米
轴距	1497 毫米
整备重量	189 千克
最高车速	290 千米 / 时
主油箱容量	16 升

鲜明的色彩对比，突出了整车的运动气质。大灯造型极具辨识度，大灯面罩中央留有进气口，最大限度地增加了空气流动，提升了燃烧效率。前后灯光系统均采用 LED 光源。

KTM 1290 超级公爵搭载的发动机压缩比为 13.5∶1，在 9500 转 / 分时可爆发 132 千瓦的最大功率，在 8000 转 / 分时可释放 140 牛米的峰值扭矩，官方公布的平均油耗为 5.6 升 / 百公里。该摩托车配备湿式多片滑动离合器，采用链条传动，前轮规格为 120/70-ZR17，后轮规格为 200/55-ZR17。前制

动系统为 320 毫米双碟搭配布雷博四活塞卡钳，后制动系统为 240 毫米单碟搭配布雷博双活塞固定卡钳，前后轮均标配防抱死制动系统。

KTM 1290 超级公爵右侧视角

KTM 1290 超级公爵在夜间行驶

KTM 1290 超级探险

KTM 1290 超级探险（Super Adventure）是奥地利 KTM 公司设计制造的一款摩托车，于 2015 年开始量产，官方指导价为人民币 20.88 万至 23.58 万元。

KTM 1290 超级探险的车架采用铬钼不锈钢材质，得益于激光切割和焊接机器人的精良工艺，其车架仅重 10 千克。副车架由混合锻造铝材打造。

基本参数（2023 年款 R 版本）	
上市时间	2023 年 6 月
类型	探险车
发动机	V 型双缸四冲程 1300cc
变速器	国际 6 挡
长 × 宽 × 高（毫米）	2250×700×1520
座高	880 毫米
轴距	1557 毫米
整备重量	228 千克
最高车速	260 千米 / 时
主油箱容量	23 升

该摩托车采用分体式坐垫，既可满足驾驶者的需要，也可满足后座搭乘者对舒适性的要求。油箱采用三腔组合设计，配备电控开启油箱盖。为追求高效的骑行姿势，该摩托车提供了丰富的可调组件：铝制变径车把有两位置可调，离合器和刹车牛角可调，换挡杆、后轮刹车杆、仪表盘角度、悬架、座椅均可调整。

KTM 1290 超级探险搭载的发动机压缩比为 13.1∶1，在 9000 转 / 分时可爆发 118 千瓦的最大功率，在 6500 转 / 分时可释放 138 牛米的峰值扭矩，官方公布的平均油耗为 5.7 升 / 百公里。该摩托车提供四种基本驾驶模式——街道、雨天、运动、越野，并可选配拉力模式。拉力模式允许驾驶者设置九个不同的牵引力级别来控制后轮滑动，从而提升油门响应速度，同时还可限制翘头控制参数。

KTM 1290 超级探险攀爬陡坡

KTM 1290 超级探险在山地行驶

KTM RC 390

KTM RC 390 是奥地利KTM 公司设计制造的一款摩托车，于 2015 年开始量产，官方指导价为人民币 5.198 万至 5.298 万元。

KTM RC 390 设计时尚、造型紧凑，看上去极具力量感。独特的色彩搭配和流线型的外观使它在路上非常显眼。为使KTM RC 390 在乡间小道和赛

基本参数 (2023 年款)	
上市时间	2023 年 6 月
类型	跑车
发动机	单缸四冲程 390cc
变速器	国际 6 挡
长 × 宽 × 高 (毫米)	1977×688×1097
座高	824 毫米
轴距	1340 毫米
整备重量	164 千克
最高车速	179 千米 / 时
主油箱容量	13.7 升

道等各种路况下都能灵活过弯，工程师为其设计了轻量化的车架、合金压铸的摇臂、高质量的减震部件等。该摩托车拥有一系列高性能配置，包括滑动离合、电子油门、TFT 全彩仪表、全车 LED 光源等。

KTM RC 390 搭载的发动机压缩比为 12.6∶1，使用 95 号汽油，在9000 转 / 分时可爆发 32 千瓦的最大功率，在 7000 转 / 分时可释放 36 牛米的峰值扭矩，官方公布的平均油耗为 3.46 升 / 百公里。该摩托车配备湿式多片滑动离合器，采用链条传动，前轮规格为 110/70-R17，后轮规格为150/60-R17。

翘头状态的 KTM RC 390

KTM RC 390 侧前方视角

KTM 790 探险

KTM 790 探险（Adventure）是奥地利 KTM 公司设计制造的一款摩托车，于 2020 年开始量产，官方指导价为人民币 10.76 万至 11.98 万元。

KTM 790 探险的重量较轻便、操控比较灵活，适合街道骑行，可确保长途骑行的舒适性，同时也具备令人印象深刻的越野性能。强度是设计中的

基本参数 (2021 年款)	
上市时间	2021 年 6 月
类型	探险车
发动机	直列双缸四冲程 790cc
变速器	国际 6 挡
长 × 宽 × 高（毫米）	2119×890×1255
座高	805 毫米
轴距	1509 毫米
整备重量	210 千克
最高车速	200 千米 / 时
主油箱容量	20 升

一项重要考虑因素，因此采用管状钢制车架，以发动机充当受力构件以减轻重量，减小整体尺寸。高度可调的分离式坐垫能够确保长途骑行的舒适性。铝制锥形手把可以安装在 6 个不同的位置，并且能够在 30 毫米的范围内进行调节，从而实现个性化配置。

KTM 790 探险搭载的发动机压缩比为 12.7∶1，使用 95 号汽油，在 8250 转 / 分时可爆发 70 千瓦的最大功率，在 6500 转 / 分时可释放 88 牛米的峰值扭矩，官方公布的平均油耗为 4.19 升 / 百公里。该摩托车配备湿式多片滑动离合器，采用链条传动，前轮规格为 90/90-21，后轮规格为 150/70-R18。前制动系统为 320 毫米双浮动碟搭配四活塞辐射式卡钳，后

制动系统为 260 毫米单碟搭配双活塞浮动卡钳，前后轮均标配防抱死制动系统。

KTM 790 探险右侧视角

KTM 790 探险在荒野中行驶

KTM 890 公爵

KTM 890 公爵（Duke）是奥地利 KTM 公司设计制造的一款摩托车，于 2022 年开始量产，官方指导价为人民币12.68 万元。

KTM 890 公爵的前脸沿袭了 KTM 高辨识度的造型设计，灯光系统采用全 LED 光源，两道弯刀形日间行车灯，让人印象深刻。刹车灯位置相对较

基本参数 (2022 年款)	
上市时间	2022 年 3 月
类型	街车
发动机	直列双缸四冲程 890cc
变速器	国际 6 挡
长 × 宽 × 高 (毫米)	2137×810×1117
座高	834 毫米
轴距	1482 毫米
整备重量	166 千克
最高车速	230 千米 / 时
主油箱容量	14 升

高，与牌照架组合，具备更好的警示作用。与上一代车型 KTM 790 Duke相比，KTM 890 公爵针对人体工程学设计进行了调整，车把位置更低、更靠前，脚踏位置更高、更靠后，不仅提升了倾角极限，而且让整个骑行三角变得更低，更适合快速驾驶。钢制框架车身，保证了底盘的稳定性，为实现更加极限的操控打下了基础。

KTM 890 公爵搭载的发动机压缩比为 13.5：1，在 9250 转 / 分时可爆发 80 千瓦的最大功率，在 7750 转 / 分时可释放 99 牛米的峰值扭矩，官方公布的平均油耗为 4.74 升 / 百公里。该摩托车的车机系统采用清晰、直观的 TFT 全彩液晶显示屏，随着发动机转速的提升，仪表中的转速显示条也会随之变化，为骑行增加了更多的新鲜感。

KTM 890 公爵过弯

KTM 890 公爵侧后方视角

凯旋老虎 1200

凯旋老虎 1200（Tiger 1200）是英国凯旋公司设计制造的一款摩托车，于 2017 年开始量产，官方指导价为人民币 19.99 万至 25.19 万元。

凯旋老虎 1200 的车身正面呈倒三角形，有助于提高其在路况较差路面的通过性，提升车辆外露部件的安全性。车辆核心部件都贴近

基本参数 (2022 年款)	
上市时间	2022 年 7 月
类型	探险车
发动机	直列三缸四冲程 1200cc
变速器	国际 6 挡
长×宽×高（毫米）	2270×985×1560
座高	875 毫米
轴距	1560 毫米
整备重量	261 千克
最高车速	209 千米 / 时
主油箱容量	30 升

驾驶者的位置，这样可以让车辆重心与驾驶者重心尽可能地靠近，驾驶者可以运用自身重量来操控车辆，而非在低速越野时和车辆重心作对抗。该摩托车的后传动采用了维护周期更长的密封传动轴设计，同时还配备了双边 Tri-Link 铝合金后摇臂，使后轮左、右两侧形成两个平行四边形后摇臂，这种设计可以让传动轴体积更小，重量更轻，受力更均匀，保障后轮稳定性的同时减轻后轴负担。

凯旋老虎 1200 配置了一块 7 英寸 TFT 全彩显示屏，采用屏下液晶技术，玻璃和屏幕之间没有间隙，减少阳光反射。其集成蓝牙功能，可以连接手机，也可以直接控制 GoPro 运动相机。整车采用 LED 灯光，标配辅助灯光，并且大灯还带有弯道自动照明功能。

蓝色涂装的凯旋老虎 1200

行驶中的凯旋老虎 1200

凯旋火箭 3

凯旋火箭 3（Rocket 3）是英国凯旋公司设计制造的一款摩托车，于 2019 年开始量产，官方指导价为人民币 23.89 万至 25.79 万元。

凯旋火箭 3 拥有高规格的铝质工程框架结构，采用前向进气口设计和优质的铸造和锻造部件。两侧凹进去的油箱外观富于力量感，带

基本参数 (2023 年款)	
上市时间	2023 年 2 月
类型	巡航车
发动机	直列三缸四冲程 2500cc
变速器	国际 6 挡
长 × 宽 × 高（毫米）	2574×889×1165
座高	750 毫米
轴距	1677 毫米
整备重量	320 千克
最高车速	221 千米 / 时
主油箱容量	18 升

有中央凹槽、拉丝表面油箱束带和蒙扎风格加油口盖。巡航风格的驾驶者和搭乘者鞍座外观富有雕塑感，其精美的设计使车体侧面呈现简练流畅的线条。搭乘者脚踏采用折叠设计，在不使用时可以完全隐藏起来，使车尾保持简练利落的外观造型。

凯旋火箭 3 搭载的发动机压缩比为 10.8：1，在 6000 转 / 分时可爆发 123 千瓦的最大功率，在 4000 转 / 分时可释放 221 牛米的峰值扭矩，加速至 100 千米 / 时仅需 2.73 秒，官方公布的平均油耗为 6.82 升 / 百公里。该摩托车拥有众多先进的提升操控性能的配置，包括精致的可个性化设置的

TFT 全彩仪表盘显示屏、经过优化的弯道防抱死制动系统和牵引力控制系统、四种骑行模式、全 LED 车灯、坡道保持控制系统、巡航控制系统、无钥匙启动以及可选配的换挡辅助系统。

凯旋火箭 3 侧前方视角

凯旋火箭 3 侧面视角

凯旋攀爬者 1200

凯旋攀爬者1200（Scrambler 1200）是英国凯旋公司设计制造的一款摩托车，于2019年开始量产，官方指导价为人民币15.89万至17.61万元。

凯旋攀爬者1200采用经典的复古攀爬设计风格，分为XC和XE两个版本，其中XC版本的功能更加均衡，兼顾了日常通勤和长

基本参数 (2023 年款 XE)	
上市时间	2023 年 2 月
类型	复古车
发动机	直列双缸四冲程 1200cc
变速器	国际 6 挡
长 × 宽 × 高（毫米）	2286×840×1250
座高	845 毫米 /870 毫米
轴距	1580 毫米
整备重量	207 千克
最高车速	193 千米 / 时
主油箱容量	16 升

途探险用途，而 XE 版本则侧重极限越野性能。两个版本在外观上并没有显著区别，最有效的识别方式便是车体侧面的标志。两个版本在硬件方面的主要区别在于：XE 版本的减震行程更长，前轮为 250 毫米（XC 版本为 200 毫米），后轮为 579 毫米（XC 版本为 547 毫米）；XE 版本有845 毫米和 870 毫米两种座高可选，而 XC 版本则有 815 毫米和 840 毫米可选。

虽然 XC 和 XE 版本的发动机排量相同，都能输出 66.2 千瓦最大功率和 110 牛米峰值扭矩，但是 XE 版本在 XC 版本五种动力模式的基础上，

多了一种越野模式。两种版本都配备了前 21 英寸、后 19 英寸的无内胆辐条轮毂，以及无钥匙启动、背光按键、布雷博刹车卡钳等配置。

凯旋攀爬者 1200 右侧视角

凯旋攀爬者 1200 在攀爬土坡

莫托古兹 V9 Bobber

莫托古兹 V9 Bobber 是意大利莫托古兹公司设计制造的一款摩托车，于 2016 年开始量产，官方指导价为人民币 10.99 万至 11.29 万元。

莫托古兹 V9 Bobber 有着迷人的车身线条和原始的机械美感，是目前欧洲品牌中少有的 Bobber 车型（复古摩托车的一种风格）。车身侧面线条

基本参数 (2021 年款)	
上市时间	2020 年 4 月
类型	复古车
发动机	V 型双缸四冲程 850cc
变速器	国际 6 挡
长 × 宽 × 高 (毫米)	2185×840×1120
座高	785 毫米
轴距	1465 毫米
整备重量	210 千克
最高车速	130 千米 / 时
主油箱容量	19 升

优雅，独特的发动机摆放位置大幅提升了车辆辨识度，在保留足够 Bobber 气息的同时，兼顾了意大利摩托车独有的气质。车辆前部光源均采用传统的卤素形式，圆形大灯外侧经过镀铬处理后，视觉上更加醒目。尾灯造型与车头相呼应，光源同为卤素形式。该摩托车的仪表设计简洁，白色表底和红色指针塑造出原始机械美感。

莫托古兹 V9 Bobber 搭载的发动机压缩比为 10.5：1，在 6800 转 / 分时可爆发 47.8 千瓦的最大功率，在 5000 转 / 分时可释放 73 牛米的峰值扭矩，官方公布的平均油耗为 4 升 / 百公里。该摩托车配备干式单片离合器，采用轴传动，前轮规格为 130/90-R16，后轮规格为 150/80-R16。

莫托古兹 V85 TT

莫托古兹 V85 TT 是意大利莫托古兹公司设计制造的一款摩托车，于 2019 年开始量产，官方指导价为人民币 11.99 万至 12.88 万元。

莫托古兹 V85 TT 采用经典的莫托古兹外观设计，车身线条简洁流畅，同时融入了现代化元素，如 LED 灯组和数字仪表盘等。该摩托车采用全新的

基本参数 (2021 年款)	
上市时间	2021 年
类型	探险车
发动机	V 型双缸四冲程 850cc
变速器	国际 6 挡
长 × 宽 × 高 (毫米)	2240×950×1325
座高	830 毫米
轴距	1530 毫米
整备重量	230 千克
最高车速	195 千米 / 时
主油箱容量	28 升

双横臂铝合金底盘设计，使车身更加轻盈和稳定。同时，该摩托车还采用可调节的悬架系统和防抱死制动系统，提供了更加出色的操控性和行驶稳定性。

莫托古兹 V85 TT 搭载一台自然吸气风冷式双缸发动机，压缩比为 10.5∶1，在 7750 转 / 分时可爆发 59 千瓦的最大功率，在 5000 转 / 分时可释放 80 牛米的峰值扭矩，官方公布的平均油耗为 4.2 升 / 百公里。该发动机采用莫托古兹独特的横置布局，使得车辆具有出色的低速扭矩和平顺性能。莫托古兹 V85 TT 具有较高的底盘离地高度和大容量油箱，适合长途探险旅行。同时，它还提供了全新的巡航控制系统和多模式牵引力控制系统等，可以适应不同路况的骑行需求。

罗莉奥利 TG300S

罗莉奥利 TG300S 是英国罗莉奥利公司设计制造的一款摩托车，于 2020 年开始量产，官方指导价为人民币 3.98 万元。

罗莉奥利 TG300S 复刻了 20 世纪 60 年代风靡一时的罗莉奥利 Lambretta 的经典外观造型，金属车身、鸭嘴前泥瓦以及独特的尾部设计，都充满了复古气息。车身侧面线条圆

基本参数 (2022 年款)	
上市时间	2022 年
类型	踏板车
发动机	单缸四冲程 300cc
变速器	无级变速器
长 × 宽 × 高 (毫米)	1845×670×1150
座高	770 毫米
轴距	1390 毫米
整备重量	152 千克
最高车速	125 千米 / 时
主油箱容量	10.5 升

润而饱满，车座设计平坦，乘坐面积足够宽大。驾驶者通过左、右车把控制器可对车辆进行常规操作，右侧配有双闪警示灯按键。前转向灯位于两侧车把的下方，经过镀铬处理后显得更加精致。

作为一款近年来才推出的新品，徒有其表并不能让消费者埋单，所以罗莉奥利 TG300S 搭载了一台全新的单缸四冲程发动机，并通过升级全彩液晶仪表、全 LED 光源等配置，让它更符合当下消费者的驾驶需求。该摩托车搭载的发动机压缩比为 11：1，使用 95 号汽油，在 8250 转 / 分时可爆发 18.5 千瓦的最大功率，在 6250 转 / 分时可释放 24 牛米的峰值扭矩，官方公布的平均油耗为 3.8 升 / 百公里。

韦士柏 GTS 300

韦士柏 GTS 300 是意大利比亚乔公司设计制造的一款摩托车，于 2008 年开始量产，官方指导价为人民币 5.18 万至 5.98 万元。

韦士柏 GTS 300 继承了传奇车型韦士柏 Vespone 标志性的一体式钢制车身，提供科技银、薄荷绿、活力红、古铜金（特别版）等配色涂装，配合

基本参数 (2022 年款)	
上市时间	2022 年 6 月
类型	踏板车
发动机	单缸四冲程 300cc
变速器	无级变速器
长 × 宽 × 高 (毫米)	1950×755×1375
座高	790 毫米
轴距	1375 毫米
整备重量	158 千克
最高车速	128 千米 / 时
主油箱容量	8.5 升

专属车身贴花，既保留了韦士柏的传统优雅，又为车辆增添了运动属性。前脸中央采用经典的"领带"元素，精致的圆形大灯也是韦士柏的一个标志性设计。虽然充满复古元素，但它的前后大灯均采用 LED 光源，而且还带有 LED 日间行车灯，增添时尚感的同时也提高了安全性。

韦士柏 GTS 300 搭载一台单缸四气门电喷水冷发动机，动力调校偏低转，在 8250 转 / 分时可爆发 17.5 千瓦的最大功率，在 5250 转 / 分时可释放 26 牛米的峰值扭矩。该摩托车配备干式离合器，采用皮带传动，前轮规格为 120/70-R12，后轮规格为 130/70- R12。

韦士柏946

韦士柏946是意大利比亚乔公司设计制造的一款摩托车，于2013年开始量产，官方指导价为人民币13.8万至22万元。

基本参数 (2023 年款)	
上市时间	2023 年 5 月
类型	踏板车
发动机	单缸四冲程 155cc
变速器	无级变速器
长 × 宽 × 高 (毫米)	1965×730×1404
座高	805 毫米
轴距	1405 毫米
整备重量	158 千克
最高车速	93 千米 / 时
主油箱容量	8.5 升

韦士柏946出自一条独立的生产线，以高级定制工艺制作，是目前韦士柏在售车型中价格最高的一款。自2013年问世以来，韦士柏946先后与许多高端品牌联名，如爱马仕、路易威登、迪奥、阿玛尼等，俨然确立了它韦士柏当家车型的地位。

韦士柏946在外观造型上与1946年第一代韦士柏踏板车极相似，整车造型简洁大气，线条优雅流畅。极具科幻感的悬浮式座椅，加上前后单摇臂的设计，令人眼前一亮。从2013年推出至今，韦士柏946在外观上一直没有较大的改动，仅在配色等方面进行了调整。韦士柏946搭载的发动机采用单缸三气门风冷式设计，最大功率为9.5千瓦，峰值扭矩为12.8牛米。

第 3 章　美国品牌摩托车

　　美国是世界上最大的摩托车市场之一，同时也是重要的摩托车制造和创新中心之一。美国的摩托车工业历史悠久，拥有许多世界知名的摩托车品牌和制造商，如哈雷·戴维森、印第安等。

布尔 1125R

布尔 1125R 是美国布尔公司设计制造的一款摩托车，于2008—2009 年量产。

布尔品牌创立于 1983 年，创始人艾力克·布尔艾力克是出色的赛车手，同时也是优秀的工程师，胸怀打造纯粹的美式运动摩托车的抱负。2003 年，布尔公司被哈雷·戴维森公司完全收购。2007 年，在持续追

基本参数 (2008 年款)	
上市时间	2008 年
类型	跑车
发动机	V 型双缸四冲程 1125cc
变速器	国际 6 挡
长 × 宽 × 高 (毫米)	2040×716×1120
座高	775 毫米
轴距	1375 毫米
整备重量	170 千克
最高车速	240 千米 / 时
主油箱容量	21 升

求多年之后，布尔首款水冷式发动机终于面世。2008 年，布尔开始生产搭载水冷式发动机的布尔 1125R，该摩托车上市后迅速成为最受欢迎的美国跑车。不过，随后的全球金融危机迫使哈雷·戴维森将布尔品牌停产，布尔 1125R 也因此成为昙花一现的车型。

布尔 1125R 搭载的 V 型双缸水冷式发动机具有较强的高转速性能，最大功率达 109 千瓦（9800 转 / 分），峰值扭矩则为 103 牛米（8300 转 / 分），再加上超强刚性的车架和仅有 170 千克的整备重量，使布尔 1125R 获得了出色的加速能力和优秀的弯道操控性能。

道奇战斧

道奇战斧（Tomahawk）是美国克莱斯勒汽车公司旗下品牌道奇设计制造的一款摩托车，于 2003—2006 年间少量生产，仅生产了 10 辆，官方指导价为 89.57 万美元。

道奇战斧采用单人座位设计，坐垫为真皮材质。发动机上方两边各安装一个长 50 厘米、宽 20 厘米的铝质散热器。

基本参数 (2003 年款)	
上市时间	2003 年
类型	跑车
发动机	V 型十缸四冲程 8277cc
变速器	2 挡手动
长 × 宽 × 高 (毫米)	1710×700×750
座高	740 毫米
轴距	1930 毫米
整备重量	680 千克
最高车速	643 千米 / 时
主油箱容量	7 升

该摩托车采用四轮设计，前后各配备双轮，在静止的时候，不需要支架就可以停稳。在转弯时，特殊的悬挂系统使其四轮均可触地，避免了滑倒的危险。而为了获得更快的速度，即使在转弯的时候，道奇战斧的设计者也要求车体倾斜不能超过 20 度。

道奇战斧采用后轮驱动方式，加速至 100 千米 / 时仅需 2.5 秒，最高车速达到惊人的 643 千米 / 时。由于该摩托车缺乏整流罩和风挡的保护，一旦达到一定的速度，受到周围气流的影响，巨大的升力很容易使驾驶者"飘"起来，因此驾驶者必须紧紧抓住车把，俯身骑行。

哈雷·戴维森软尾标准版

哈雷·戴维森软尾标准版（Softail Standard）是美国哈雷·戴维森公司设计制造的一款摩托车，于 1984 年开始量产，最新一代车型于 2018 年上市，官方指导价为人民币 17.58 万元。

哈雷·戴维森软尾标准版以往车型的后悬架系统都隐藏在变速器下方，而最新一代车型则隐藏在座椅下方。单筒

基本参数（2023 年款）	
上市时间	2023 年
类型	巡航车
发动机	V 型双缸四冲程 1750cc
变速器	国际 6 挡
长 × 宽 × 高（毫米）	2320×930×1150
座高	680 毫米
轴距	1630 毫米
整备重量	297 千克
最高车速	177 千米 / 时
主油箱容量	13.2 升

式减震器与车体轴线一致，拆开坐垫后，可手动调节预载。最新一代车型采用钢制车架，其硬度要比旧车架高出 34%，既保证了车架的刚性，也保证了后悬架的舒适性。实用配置方面，提供了 LED 大灯、无钥匙启动、USB 充电接口等。

哈雷·戴维森软尾标准版搭载的风冷式发动机压缩比为 10：1，在 5020 转 / 分时可爆发 79 千瓦的最大功率，在 3000 转 / 分时可释放 137 牛米的峰值扭矩，官方公布的平均油耗为 5.5 升 / 百公里。该摩托车配备湿式多片离合器，采用皮带传动。前轮规格为 100/90-B19，后轮规格为 150/80-B16。

哈雷·戴维森软尾标准版侧面视角

哈雷·戴维森软尾标准版侧后方视角

哈雷·戴维森肥仔

哈雷·戴维森肥仔（Fat Boy）是美国哈雷·戴维森公司设计制造的一款摩托车，于1990年开始量产，最新一代车型于2018年上市，官方指导价为人民币30.58万至31.08万元。

哈雷·戴维森肥仔延续了哈雷·戴维森的传统风格，硬朗的车身线条，宽大的轮胎，

基本参数（2023 年款）	
上市时间	2023 年 1 月
类型	巡航车
发动机	V 型双缸四冲程 1860cc
变速器	国际 6 挡
长 × 宽 × 高（毫米）	2370×980×1095
座高	675 毫米
轴距	1665 毫米
整备重量	317 千克
最高车速	191 千米 / 时
主油箱容量	18.9 升

呈现强烈的肌肉感和力量感。同时，舒适的座椅设计和良好的悬架系统，也能保证驾驶者在长途旅行中的舒适度。该摩托车采用 5 英寸指针式仪表，可以显示燃油油位、时间、里程、单程里程、续航里程、转速等。

哈雷·戴维森肥仔搭载的风冷式发动机压缩比为 10.5∶1，在 5020 转 / 分时可爆发 65 千瓦的最大功率，在 3000 转 / 分时可释放 148 牛米的峰值扭矩，官方公布的平均油耗为 5.5 升 / 百公里。该摩托车配备湿式多片离合器，采用皮带传动。前轮规格为 160/60-R18，后轮规格为 240/40-R18。前制动系统为悬浮刹车盘搭配四活塞固定卡钳，后制动系统为悬浮刹车盘搭配双活塞浮动卡钳，前后轮均标配防抱死制动系统。

哈雷·戴维森肥仔过弯

哈雷·戴维森肥仔侧前方视角

哈雷·戴维森街霸

哈雷·戴维森街霸（Street Bob）是美国哈雷·戴维森公司设计制造的一款摩托车，于2006年开始量产，官方指导价为人民币19.58万至19.768万元。

哈雷·戴维森街霸采用极简的设计风格，摒弃了一切非必要的装饰和配件，突出了车辆本身的线条和曲面。这种设计使哈雷·戴维森街霸的外观

基本参数 (2023 年款)	
上市时间	2023 年 1 月
类型	巡航车
发动机	V 型双缸四冲程 1870cc
变速器	国际 6 挡
长 × 宽 × 高 (毫米)	2320×855×1075
座高	680 毫米
轴距	1630 毫米
整备重量	297 千克
最高车速	177 千米 / 时
主油箱容量	13.2 升

更加纯粹和经典，同时也提供了出色的操控性和良好的舒适性。该摩托车采用双人座椅，乘员座位配备了脚蹬。哈雷·戴维森街霸的默认配色为亮黑色，也可选装竞速红、流动银等配色。

哈雷·戴维森街霸搭载的风冷式发动机压缩比为 10.5∶1，在 5020 转 / 分时可爆发 65 千瓦的最大功率，在 3000 转 / 分时可释放 148 牛米的峰值扭矩，官方公布的平均油耗为 5.5 升 / 百公里。该摩托车配备湿式多片离合器，采用皮带传动，前轮规格为 100/90-B19，后轮规格为 150/80-B16。

哈雷·戴维森街霸侧后方视角

哈雷·戴维森街霸侧面视角

哈雷·戴维森肥霸

哈雷·戴维森肥霸（Fat Bob）是美国哈雷·戴维森公司设计制造的一款摩托车，于2008年开始量产，官方指导价为人民币25.58万元。

哈雷·戴维森肥霸展示了哈雷·戴维森独特的美式工业设计风格。炫酷的LED双头灯、酷似机枪的排气管以及粗壮的前叉，让它在众多的重型摩托

基本参数 (2022 年款)	
上市时间	2022 年 1 月
类型	巡航车
发动机	V 型双缸四冲程 1868cc
变速器	国际 6 挡
长 × 宽 × 高 (毫米)	2340×925×1185
座高	710 毫米
轴距	160 毫米
整备重量	306 千克
最高车速	191 千米 / 时
主油箱容量	13.2 升

车中脱颖而出。同时，宽大的座椅和低矮的驾驶身位，无论是长途旅行还是短途代步，都能够提供绝佳的舒适度。该摩托车采用 4 英寸模拟转速表，能以数字形式显示车速、挡位、里程、燃油油位、时间、单程里程。

哈雷·戴维森肥霸搭载的风冷式发动机压缩比为 10.5∶1，在 4750 转 /分时可爆发 67 千瓦的最大功率，在 3500 转 / 分时可释放 152 牛米的峰值扭矩，官方公布的平均油耗为 5.5 升 / 百公里。该摩托车配备湿式多片离合器，采用皮带传动。前轮规格为 150/80-R16，后轮规格为 180/70-R16。

哈雷·戴维森肥霸侧面视角

开启大灯的哈雷·戴维森肥霸

哈雷·戴维森 Tri Glide Ultra

哈雷·戴维森 Tri Glide Ultra 是美国哈雷·戴维森公司设计制造的一款摩托车，于 2009 年开始量产，官方指导价为人民币 65.88 万至 83.88 万元。

哈雷·戴维森 Tri Glide Ultra 的设计旨在为使用者提供更大的储物空间和更舒适的乘坐体验，同时保留哈雷·戴维森摩托车的经典风格和强大

基本参数 (2023 年款)	
上市时间	2023 年 1 月
类型	三轮车
发动机	V 型双缸四冲程 1868cc
变速器	国际 6 挡
长 × 宽 × 高 (毫米)	2670×1389×1506
座高	735 毫米
轴距	1670 毫米
整备重量	564 千克
最高车速	169 千米 / 时
主油箱容量	22.7 升

的动力性能。该车采用蝙蝠翼整流罩和分流式排气管，前部带有平衡压力的风管，便于空气顺畅流动，减少头部抖动。车身尾部的一体式行李箱提供了充足的存储容量，而注塑成型的 Tour-Pak 行李架可以额外增加存储空间，总存储容量可达 193 升。

哈雷·戴维森 Tri Glide Ultra 搭载的风冷式发动机压缩比为 10.5∶1，在 5020 转 / 分时可爆发 69 千瓦的最大功率，在 3250 转 / 分时可释放 164 牛米的峰值扭矩，官方公布的平均油耗为 6.8 升 / 百公里。该车配备湿式多片离合器，采用链条传动。前轮规格为 MT90-B16，后轮规格为 P205/65-R15。前制动系统为四活塞固定卡钳搭配浮动盘，后制动系统为四活塞浮动卡钳搭配固定盘，前后轮均标配防抱死制动系统。

哈雷·戴维森 48

哈雷·戴维森 48（Forty-Eight）是美国哈雷·戴维森公司设计制造的一款摩托车，于 2010 年开始量产，官方指导价为人民币 14.08 万元。

哈雷·戴维森 48 是 Sportster 系列的一员，其外观设计非常独特，黑色的车身和发动机，配以银色的排气管，视觉冲击力极强。车身的造型

基本参数 (2022 年款)	
上市时间	2022 年 1 月
类型	巡航车
发动机	V 型双缸四冲程 1200cc
变速器	国际 5 挡
长 × 宽 × 高 (毫米)	2165×820×1100
座高	710 毫米
轴距	1495 毫米
整备重量	252 千克
最高车速	177 千米 / 时
主油箱容量	7.9 升

简洁而硬朗，不加任何修饰。低重心设计、短轴距以及精确的转向系统，让哈雷·戴维森 48 在任何路况下都能稳定进行、精确操控。宽大的前轮胎与牛角式把手，为驾驶者提供了稳定、舒适的驾驶感受。

哈雷·戴维森 48 搭载一台强大的 V 型双缸风冷式发动机，最大功率为 45 千瓦，峰值扭矩为 91 牛米。该发动机在中低转速区间内就能产生充足的扭矩，从而轻松应对城市交通和公路旅行的需求。哈雷·戴维森 48 配备了 LED 大灯和方向灯，不仅提供了出色的照明效果，同时也增添了科技感。

哈雷·戴维森突破者

哈雷·戴维森突破者（Breakout）是美国哈雷·戴维森公司设计制造的一款摩托车，于 2013 年开始量产，官方指导价为人民币 27.58 万至 28.58 万元。

哈雷·戴维森突破者拥有独特的外观和出色的性能，将哈雷·戴维森的"自由、叛逆"精神发挥得淋漓尽致。该车的线条流畅且充满力量感，搭配

基本参数 (2023 年款)	
上市时间	2023 年 1 月
类型	巡航车
发动机	V 型双缸四冲程 1920cc
变速器	国际 6 挡
长 × 宽 × 高 (毫米)	2380×965×1105
座高	665 毫米
轴距	1695 毫米
整备重量	310 千克
最高车速	191 千米 / 时
主油箱容量	18.9 升

低矮的车身、宽大的车轮和拉背式把手，使其具有极强的视觉冲击力。经典的哈雷·戴维森品牌标志和精致的镀铬配件，彰显出其细腻的工艺和不凡的品质。该车有丝绸银、磨砂黑、亮黑色、巴哈橙等多种配色可供选择。

哈雷·戴维森突破者搭载的风冷式发动机压缩比为 10.5：1，在 5020 转 / 分时可爆发 73 千瓦的最大功率，在 3500 转 / 分时可释放 162 牛米的峰值扭矩，官方公布的平均油耗为 5.6 升 / 百公里。该发动机配备电子燃油喷射系统（EFI），让驾驶者在骑行过程中能够获得更加平稳的油门反应。哈雷·戴维森突破者配备湿式多片离合器，采用皮带传动。前轮规格为 130/60-B21，后轮规格为 240/40-R18。

哈雷·戴维森大道滑翔

哈雷·戴维森大道滑翔（Street Glide）是美国哈雷·戴维森公司设计制造的一款摩托车，于 2014 年开始量产，官方指导价为人民币 38.88 万至 49.88 万元。

哈雷·戴维森大道滑翔延续了哈雷·戴维森的传统美学设计，线条流畅，低矮的车身以及巨大的镀铬排气管，每一

基本参数 (2023 年款)	
上市时间	2023 年 1 月
类型	巡航车
发动机	V 型双缸四冲程 1868cc
变速器	国际 6 挡
长 × 宽 × 高 (毫米)	2425×960×1320
座高	690 毫米
轴距	1625 毫米
整备重量	375 千克
最高车速	169 千米 / 时
主油箱容量	22.7 升

处细节都散发出力量的气息。该摩托车采用双弹簧前叉和单筒后悬架，可以在保证舒适度的同时，为驾驶者提供全面、及时的反馈。无论是在高速公路上巡航，还是在曲折的山路上行驶，哈雷·戴维森大道滑翔都能轻松应对。

哈雷·戴维森大道滑翔搭载的风冷式发动机压缩比为 10.5∶1，在 5250 转 / 分时可爆发 69 千瓦的最大功率，在 3000 转 / 分时可释放 162 牛米的峰值扭矩，官方公布的平均油耗为 6.1 升 / 百公里。该摩托车配备湿式多片离合器，采用皮带传动。前轮规格为 130/60-B19，后轮规格为 180/55-B18。前后制动系统均为 320 毫米刹车盘搭配四活塞固定卡钳，前后轮均标配防抱死制动系统。

哈雷·戴维森公路滑翔

哈雷·戴维森公路滑翔（Road Glide）是美国哈雷·戴维森公司设计制造的一款摩托车，于 2015 年开始量产，官方指导价为人民币 42.88 万至 61.88 万元。

哈雷·戴维森公路滑翔采用固定式鲨鱼鼻整流罩，这种车架安装式整流罩是哈雷·戴维森的标志，可以有效减轻抖

基本参数 (2023 年款)	
上市时间	2023 年 1 月
类型	巡航车
发动机	V 型双缸四冲程 1923cc
变速器	国际 6 挡
长 × 宽 × 高 (毫米)	2405×980×1375
座高	715 毫米
轴距	1625 毫米
整备重量	382 千克
最高车速	193 千米 / 时
主油箱容量	22.7 升

动。标准边箱和加高悬架为驾驶者提供了更多前倾空间。该车配备了高级信息娱乐系统，带彩色触摸屏、两个整流罩安装扬声器和隐藏式收音机天线。

哈雷·戴维森公路滑翔搭载的风冷式发动机压缩比为 10.2∶1，在 5020 转 / 分时可爆发 75 千瓦的最大功率，在 3500 转 / 分时可释放 166 牛米的峰值扭矩，官方公布的平均油耗为 6.1 升 / 百公里。精调重型通气装置和高流量排气管让发动机可以最大限度地发挥性能，驾驶者每次拧动油门，都能感受到澎湃的动力。哈雷·戴维森公路滑翔配备湿式多片离合器，采

用皮带传动。前轮规格为 130/60-B19，后轮规格为 180/55-B18。前后制动系统均为四活塞固定卡钳，前后轮均标配防抱死制动系统。

哈雷·戴维森公路滑翔侧面视角

哈雷·戴维森公路滑翔侧后方视角

哈雷·戴维森路威

哈雷·戴维森路威（Low Rider）是美国哈雷·戴维森公司设计制造的一款摩托车，于2018年开始量产，官方指导价为人民币28.58万至32.58万元。

哈雷·戴维森路威拥有低矮的坐椅和宽大的车把，这种设计能够使驾驶者更加轻松地控制车辆，并提供更加舒适的驾驶体验。加深的单人座椅，

基本参数（2023年款）	
上市时间	2023年1月
类型	巡航车
发动机	V型双缸四冲程1923cc
变速器	国际6挡
长×宽×高（毫米）	2365×880×1305
座高	720毫米
轴距	1615毫米
整备重量	327千克
最高车速	193千米/时
主油箱容量	18.9升

能够令驾驶者在加速和过弯时牢牢坐稳。车把立管中的数字"技术仪表"呈现极简的"无仪表"外观。该摩托车采用紧凑型移动式掀盖边箱设计，边箱可拆卸、可上锁。

哈雷·戴维森路威搭载的风冷式发动机压缩比为10.2∶1，在5020转/分时可爆发74千瓦的最大功率，在3500转/分时可释放164牛米的峰值扭矩，官方公布的平均油耗为5.5升/百公里。该摩托车配备湿式多片离合器，采用皮带传动，前轮规格为110/90-B19，后轮规格为180/70-B16。前制动系统为悬浮刹车盘搭配四活塞固定卡钳，后制动系统为悬浮刹车盘搭配双活塞浮动卡钳，前后轮均标配防抱死制动系统。

哈雷·戴维森路威右侧视角

哈雷·戴维森路威左侧视角

哈雷·戴维森硬汉 1200

哈雷·戴维森硬汉 1200（Iron 1200）是美国哈雷·戴维森公司设计制造的一款摩托车，于 2018 年开始量产，官方指导价为人民币 12.68 万元。

哈雷·戴维森硬汉 1200 是 Sportster 系列的一员，自上市之初就因其优秀的动力和独特的外观备受关注。该摩托车没有夸张的装饰，没有臃肿的

基本参数 (2021 年款)	
上市时间	2021 年 1 月
类型	巡航车
发动机	V 型双缸四冲程 1200cc
变速器	国际 5 挡
长 × 宽 × 高 (毫米)	2215×820×1105
座高	652 毫米
轴距	1513 毫米
整备重量	256 千克
最高车速	160 千米 / 时
主油箱容量	12.5 升

风挡与音响，整体造型纯粹且简洁。大灯和转向灯都采用复古造型，但也紧跟时代潮流，采用了 LED 光源。固定式扰流罩后方简单的机械仪表也秉承了哈雷·戴维森一贯的风格，转速及挡位可以通过下方的数字屏幕显示。油箱侧面的拉花是致敬 20 世纪 70 年代经典的哈雷·戴维森油箱彩绘图案。

哈雷·戴维森硬汉 1200 搭载的风冷式发动机压缩比为 10：1，最大功率为 44 千瓦，峰值扭矩为 95 牛米，官方公布的平均油耗为 5.2 升 / 百公里。该摩托车配备湿式多片离合器，采用皮带传动。前轮规格为 100/90-B19，后轮规格为 150/80-B16。

哈雷·戴维森运动者 S

哈雷·戴维森运动者 S（SportsterS）是美国哈雷·戴维森公司设计制造的一款摩托车，于 2021 年开始量产，官方指导价为人民币 16.58 万元。

哈雷·戴维森 Sportster 系列的历史可以追溯到 1957 年，其曾在各项摩托车赛事中屡创佳绩。哈雷·戴维森运动者 S 是该系列摩托车的最新成员，

基本参数 (2023 年款)	
上市时间	2023 年 1 月
类型	巡航车
发动机	V 型双缸四冲程 1250cc
变速器	国际 6 挡
长 × 宽 × 高（毫米）	2270×840×1180
座高	765 毫米
轴距	1520 毫米
整备重量	228 千克
最高车速	195 千米 / 时
主油箱容量	11.8 升

它拥有精致的外观，同时也融合了哈雷·戴维森的经典元素和现代风格，如短小的前后挡泥板、宽大的油箱、低矮的座椅、硬朗的车身线条等，具有极强的视觉冲击力。

哈雷·戴维森运动者 S 搭载了一台全新的 V 型双缸发动机，名为 Revolution Max 1250T。这台发动机拥有 1250cc 的排量，可以输出 89 千瓦的最大功率和 117 牛米的峰值扭矩，是哈雷·戴维森有史以来最强劲的发动机之一。它还采用了水冷、四气门、双凸轮轴和可变气门正时等先进技术，保证了发动机的高效率和低排放。该摩托车配备了多项电子辅助系统，包括四种驾驶模式、牵引力控制系统、防抱死制动系统、倾角感应系统、巡航控制系统等，有效提升了驾驶安全性和舒适性。

哈雷·戴维森夜行者

哈雷·戴维森夜行者（Nightster）是美国哈雷·戴维森公司设计制造的一款摩托车，初代车型于2007—2012年量产，新一代车型于2022年上市，官方指导价为人民币12.88万至14.58万元。

哈雷·戴维森夜行者摒弃了传统的环式车架设计，其动力总成作为受力构件，大幅减

基本参数（2023年款）	
上市时间	2023年1月
类型	巡航车
发动机	V型双缸四冲程975cc
变速器	国际6挡
长×宽×高（毫米）	2250×820×1130
座高	705毫米
轴距	1545毫米
整备重量	221千克
最高车速	177千米/时
主油箱容量	11.7升

轻了车身重量，令车架更加轻巧、坚固。每个组件均设计得紧凑、坚固、轻巧。该摩托车延续了哈雷·戴维森经典的造型风格，车头圆灯上方加入一块小风挡，握把两端也有端子镜。车身中段是小巧的水滴形油箱、钢管车架和壮硕的V型双缸发动机。车尾则以简单利落的收束，具有浓厚的美式风格。

哈雷·戴维森夜行者搭载的水冷式发动机压缩比为12∶1，在7500转/分时可爆发65千瓦的最大功率，在6500转/分时可释放84牛米的峰值扭矩，官方公布的平均油耗为5.5升/百公里。该摩托车拥有三种驾驶模式，即雨天、道路和运动。电控系统会随驾驶模式作出相应调整。

哈雷·戴维森夜行者侧面视角

哈雷·戴维森夜行者过弯

哈雷·戴维森 X 350

哈雷·戴维森 X 350 是美国哈雷·戴维森公司和中国浙江钱江摩托股份有限公司合作打造的一款摩托车，于 2023 年开始量产，官方指导价为人民币 3.3 万元。

哈雷·戴维森 X 350 延续了哈雷·戴维森经典车型 XR750 的外观造型，虽然车身结构不同于哈雷·戴维森其他

基本参数 (2023 年款)	
上市时间	2023 年 3 月
类型	街车
发动机	直列双缸四冲程 350cc
变速器	国际 6 挡
长 × 宽 × 高 (毫米)	2110×785×1110
座高	817 毫米
轴距	1410 毫米
整备重量	195 千克
最高车速	143 千米 / 时
主油箱容量	13.5 升

产品，但从油箱和座椅也能看到来自哈雷·戴维森的设计精髓。其油箱纤细修长、前宽后窄，侧面有专门设计的拉花。圆形的复古大灯采用 LED 光源，灯罩上有 "Harley-Davidson"（哈雷·戴维森）字样。

哈雷·戴维森 X 350 搭载的发动机压缩比为 11.9∶1，在 9000 转 / 分时可爆发 27 千瓦的最大功率，在 7000 转 / 分时可释放 31 牛米的峰值扭矩，官方公布的平均油耗为 4.95 升 / 百公里。该摩托车配备湿式多片滑动离合器，采用链条传动。前轮规格为 120/70-ZR17，后轮规格为 160/60-ZR17。

哈雷·戴维森 X 500

哈雷·戴维森 X 500 是美国哈雷·戴维森公司和中国浙江钱江摩托股份有限公司合作打造的一款摩托车，于 2023 年开始量产，官方指导价为人民币 4.4 万元。

哈雷·戴维森 X 500 旨在为热爱骑行的消费者提供舒适的骑行体验。人性化的车身设计可以让驾驶者以轻松的低姿

基本参数 (2023 年款)	
上市时间	2023 年 4 月
类型	复古车
发动机	直列双缸四冲程 500cc
变速器	国际 6 挡
长 × 宽 × 高 (毫米)	2135×875×1150
座高	820 毫米
轴距	1458 毫米
整备重量	208 千克
最高车速	160 千米 / 时
主油箱容量	13 升

骑行。经过调整的悬架系统，能够确保驾驶者在不断变化的骑行环境下始终保持稳定的状态顺畅骑行，前后悬架系统可以根据驾驶者的喜好进行调整。车座宽大而厚实，以提高长距离骑行的舒适度。底盘、悬架系统和轮胎相结合，以提供更加灵活的性能表现。

哈雷·戴维森 X 500 搭载的水冷式发动机压缩比为 11.5∶1，在 8500 转 / 分时可爆发 35 千瓦的最大功率，在 6000 转 / 分时可释放 46 牛米的峰值扭矩，官方公布的平均油耗为 4.85 升 / 百公里。该摩托车的前悬架为 50 毫米倒置前叉，具有可调节的回弹阻尼。后悬架是一个单筒式减震，预载和回弹阻尼可根据驾驶者的偏好进行调整。

联邦 B120 幽灵

联邦 B120 幽灵（Wraith）是美国联邦公司设计制造的一款摩托车，于 2005 年开始对外销售。

联邦 B120 幽灵的外观造型充满了工业气息，高高隆起的油箱以及大面积外露的发动机看起来力量感十足，短小微翘的座位极具视觉冲击力。该摩托车乍一看好像是一辆没有

基本参数 (2005 年款)	
上市时间	2005 年 10 月
类型	跑车
发动机	V 型双缸四冲程 1966cc
变速器	国际 5 挡
长 × 宽 × 高 (毫米)	2235×762×965
座高	710 毫米
轴距	1524 毫米
整备重量	178 千克
最高车速	310 千米 / 时
主油箱容量	12 升

组装完成的半成品，其实车辆外部采用了大量碳纤维材质进行覆盖。同时，该摩托车还采用了航空级别的铝制材料。得益于轻量化的材料和先进的制造工艺，联邦 B120 幽灵的整备重量仅有 178 千克，加上高性能的悬架系统和制动系统，使该车具有出色的操控性能和驾驶体验。

联邦 B120 幽灵搭载一台 V 型双缸风冷式发动机，最大功率为 92 千瓦，峰值扭矩为 172 牛米。该摩托车具有出色的加速性能和极高的行驶速度，最高车速超过 300 千米 / 时。

联邦 B120 幽灵侧后方视角

联邦 B120 幽灵侧前方视角

MTT Y2K

MTT Y2K 是美国海军陆战队涡轮科技公司（MTT）设计制造的一款摩托车，于 2000 年开始量产，官方指导价为 15 万美元。

MTT Y2K 采用英国罗尔斯·罗伊斯公司制造的艾里逊 250-C18 涡轮轴发动机，该发动机在 5200 转 / 分时可爆发 240 千瓦的最大功率，

基本参数 (2000 年款)	
上市时间	2000 年
类型	跑车
发动机	罗尔斯·罗伊斯 250-C18
变速器	2 挡自动
长 × 宽 × 高（毫米）	2450×787×1143
座高	840 毫米
轴距	1700 毫米
整备重量	210 千克
最高车速	402 千米 / 时
主油箱容量	34 升

在 2000 转 / 分时可释放 575.8 牛米的峰值扭矩，而发动机重量却只有 60 千克左右，这也是它身为一款航空发动机却可安装在摩托车上的主要原因。

MTT Y2K 的最高车速超过 400 千米 / 时，符合欧美多数国家的交通法规，完全可以上路行驶。不过，MTT Y2K 并不是一般的代步工具，绝大多数人无法驾驭它，只有那些具有高速摩托车骑乘经验的专业人士，进行适当的技巧训练之后，才能充分享受 MTT Y2K 带来的骑行乐趣。

MTT Y2K 前方视角

MTT Y2K 侧后方视角

印第安酋长

印第安酋长（Chieftain）是美国印第安公司设计制造的一款摩托车，于 2014 年开始量产，官方指导价为人民币 42.98 万元。

印第安酋长整体外观硬朗、简约，车身线条肌肉感十足。正如它的名字一样，这辆车的气势就犹如印第安部落中尊贵的酋长一般。该摩托车采用经典的倾斜钢管车架，没有

基本参数 (2021 年款)	
上市时间	2021 年
类型	巡航车
发动机	V 型双缸四冲程 1800cc
变速器	国际 6 挡
长 × 宽 × 高 (毫米)	2506×1000×1085
座高	650 毫米
轴距	1668 毫米
整备重量	373 千克
最高车速	191 千米 / 时
主油箱容量	20.8 升

杂乱的布线或者是电缆，前叉也没有装满继电器的塑料盒以及油冷机器，简单的结构设计让人印象深刻。整车采用 LED 灯组，标配线控油门，提供三种驾驶模式，并具备定速巡航功能，可以通过右侧手柄开关进行调节。

印第安酋长搭载的油冷式发动机压缩比为 9.5∶1，在 3000 转 / 分时可释放 162 牛米的峰值扭矩。该摩托车配备湿式多片离合器，采用皮带传动。前轮规格为 130/60-B19，后轮规格为 180/60-R16。前制动系统为双 300 毫米浮动盘搭配四活塞卡钳，后制动系统为单 300 毫米浮动盘搭配双活塞卡钳，前后轮均标配防抱死制动系统。

红色涂装的印第安酋长

印第安酋长右侧视角

印第安公路大师

印第安公路大师（Road-master）是美国印第安公司设计并制造的摩托车，2015 年开始量产，官方指导价为人民币 46.8 万至 48.8 万元。

印第安公路大帅有着经典的美式摩托车造型，其大面积的车头设计辨识度极高。该摩托车采用印第安标志性的大型车首导流罩，与流线型前泥瓦

基本参数 (2022 年款)	
上市时间	2022 年
类型	巡航车
发动机	V 型双缸四冲程 1800cc
变速器	国际 6 挡
长 × 宽 × 高 (毫米)	2656×1022×1415
座高	673 毫米
轴距	1668 毫米
整备重量	412 千克
最高车速	191 千米 / 时
主油箱容量	20.8 升

上的印第安人水晶头像交相辉映，时刻彰显着车主的独特品位和尊贵气质。保险杠两侧特意设计了两块挡板，既能挡风又能增加储存空间。尾部有三个宽大的储物箱，可以满足长途旅行时的装载需求。

印第安公路大师搭载的风冷式发动机压缩比为 9.5：1，在 2200 转 / 分时可释放 143.6 牛米的峰值扭矩。该摩托车配备湿式多片离合器，采用皮带传动。前轮规格为 130/80-B17，后轮规格为 180/60-R16。前制动系统为双 300 毫米浮动盘搭配四活塞卡钳，后制动系统为单 300 毫米浮动盘搭配双活塞卡钳，前后轮均标配防抱死制动系统。

印第安公路大师侧前方视角

印第安公路大师左侧视角

印第安侦察兵

印第安侦察兵（Scout）是美国印第安公司设计制造的一款摩托车，于2015年开始量产，官方指导价为人民币17.98万至20.68万元。

印第安侦察兵传承了印第安摩托车的众多经典元素，外观造型雅致简洁。圆形大灯充满复古韵味，喷黑大灯外壳配备了电镀灯圈。前大灯和转向

基本参数 (2022 年款)	
上市时间	2022 年
类型	巡航车
发动机	V 型双缸四冲程 1200cc
变速器	国际 6 挡
长 × 宽 × 高（毫米）	2311×880×1207
座高	649 毫米
轴距	1562 毫米
整备重量	264 千克
最高车速	160 千米 / 时
主油箱容量	12.5 升

灯均采用卤素光源，后尾灯采用 LED 光源。整体式挡泥板传承了印第安优雅线条，彰显着其品牌自身的精良品质。坚固耐用的褐色皮质座椅以及649 毫米座高带来舒适的骑行姿态。

印第安侦察兵是印第安品牌诞生以来首款使用水冷发动机的车型，该发动机在 5000 转 / 分时可释放 80.6 牛米的峰值扭矩。该摩托车配备湿式多片离合器，采用皮带传动。前轮规格为 130/90-B16，后轮规格为 150/80-B16。前制动系统为单 298 毫米浮动盘搭配双活塞卡钳，后制动系统为单298 毫米浮动盘搭配单活塞卡钳，前后轮均标配防抱死制动系统。

印第安侦察兵侧前方视角

女骑手与印第安侦察兵

印第安酋长黑马

印第安酋长黑马（Chieftain Dark Horse）是美国印第安公司设计制造的一款摩托车，于2016年开始量产，官方指导价为人民币41.98万元。

印第安酋长黑马与印第安酋长共享同一套动力系统，但是整体风格却很年轻，同时拥有更流行的硬质尾箱。印第安酋长黑马在外观造型上的改动

基本参数（2021 年款）	
上市时间	2021 年
类型	巡航车
发动机	V 型双缸四冲程 1800cc
变速器	国际 6 挡
长 × 宽 × 高（毫米）	2506×1000×1385
座高	650 毫米
轴距	1668 毫米
整备重量	373 千克
最高车速	191 千米 / 时
主油箱容量	20.8 升

并不大，却有着不同的气质。这种气质并不只是源于通体漆黑的配色，还来自细节的搭配，如挡泥板上流线型的装饰条以及全车点缀的电镀小饰件，它们让黑色车身更有质感。

印第安酋长黑马采用铸铝车架，最小离地间隙为130毫米。该摩托车采用46毫米伸缩式前叉，行程为119毫米，后减震采用单式布局，减震行程为114毫米。前制动系统采用300毫米双浮动碟盘搭配四活塞卡钳，后制动系统采用300毫米单碟盘搭配双活塞卡钳。前轮规格为130/60-B19，后轮规格为180/60-R16。

印第安领地黑马

印第安领地黑马（Springfield Dark Horse）是美国印第安公司设计制造的一款摩托车，于2018年开始量产，官方指导价为人民币32.98万元。

印第安领地黑马的车身线条非常流畅，尤其是从前叉到油箱再到后座护板的整体设计非常协调。遥控硬质边箱、手枪式车座、暗黑涂装尽显骑手

基本参数 (2022 年款)	
上市时间	2022 年
类型	巡航车
发动机	V 型双缸四冲程 1890cc
变速器	国际 6 挡
长 × 宽 × 高 (毫米)	2522×1000×1261
座高	650 毫米
轴距	1701 毫米
整备重量	355 千克
最高车速	190 千米 / 时
主油箱容量	20.8 升

的豪迈气魄。大量改装件可让驾驶者自行定义其专属的骑行风格。

印第安领地黑马搭载的风冷式发动机压缩比为 9.5：1，在 2200 转 / 分时即可释放 143.6 牛米的峰值扭矩，这意味着驾驶者随时都能享受充沛的扭矩输出，体验"力大如牛"的驾驶感。该摩托车配备湿式多片离合器，采用皮带传动。前轮规格为 130/60-B19，后轮规格为 180/60-R16。前制动系统为双 300 毫米浮动盘搭配四活塞卡钳，后制动系统为单 300 毫米浮动盘搭配双活塞卡钳，前后轮均标配防抱死制动系统。

印第安 FTR 1200

印第安 FTR 1200 是美国印第安公司设计制造的一款摩托车，于 2019 年开始量产，官方指导价为人民币 15.98 万至 18.98 万元。

印第安 FTR 1200 的设计灵感源于印第安 FTR 750 赛车，后者在 2016 年和 2017 年连续两年赢得了美国 Flat Track（泥地绕圈赛）的冠军。印第

基本参数 (2022 年款)	
上市时间	2022 年
类型	街车
发动机	V 型双缸四冲程 1200cc
变速器	国际 6 挡
长 × 宽 × 高 (毫米)	2223×830×1295
座高	780 毫米
轴距	1525 毫米
整备重量	233 千克
最高车速	193 千米 / 时
主油箱容量	12.9 升

安 FTR 1200 采用钢管编织车架结构，前悬架为倒立式，采用径向安装的双布雷博刹车，具有卓越的操控和制动能力。油箱位于座椅下方，使车辆具有较低的重心。与印第安 FTR 750 类似，空气箱直接安装在发动机上方，以调节气流和最大化功率。印第安 FTR 1200 还采用了与印第安 FTR 750 类似的后悬架和摇臂设计，不仅提供了赛车版的外观，而且在崎岖的道路上也能获得最大的抓地力和操控性。

印第安 FTR 1200 搭载的水冷式发动机压缩比为 12.5 : 1，在 3500 转 / 分时可释放 90.3 牛米的峰值扭矩。该摩托车配备了高级驾驶功能及安全辅助技术，包括前后全 LED 大灯、USB 充电接口，以及三种驾驶模式和带倾角感应的牵引力控制系统。

第 4 章　日本品牌摩托车

　　日本品牌摩托车在全球市场上占据着重要位置。日本拥有本田、川崎、铃木、雅马哈等多个知名摩托车品牌，每年有大量摩托车出口到其他国家，是世界最大的摩托车出口国之一。

本田 CB1300

本田 CB1300 是日本本田公司设计制造的一款摩托车，于 1998 年开始量产，官方指导价为人民币 18.8 万至 22 万元。

作为摩托车界的常青树，本田 CB1300 是一款传统意义上的街车，因为它在外观造型上并没有跳出早期日系街车的设计框架，即使是最

基本参数 (2023 年款 CB1300 SF)	
上市时间	2023 年
类型	复古车
发动机	直列四缸四冲程 1300cc
变速器	国际 6 挡
长 × 宽 × 高（毫米）	2200×795×1125
座高	780 毫米
轴距	1520 毫米
整备重量	267 千克
最高车速	226 千米 / 时
主油箱容量	21.1 升

新的 2023 款车型也没有放弃初代车型的研发理念。不拘泥于时代的浪潮，不跟风的外观设计，使其拥有属于自己的风格语言。本田 CB1300 SF 的圆形大灯及下方两个整齐排列的小喇叭极具辨识度，而本田 CB1300 SB 作为日本警用车款之一也有着独特的前脸造型——车头部分增加了整流罩，有助于提高稳定性，与本田 CB1300 SF 相比，其更适合长途骑行。

本田 CB1300 搭载一台直列四缸水冷式发动机，在 7750 转 / 分时达到最大功率 76 千瓦，在 6250 转 / 分时达到峰值扭矩 108 牛米。9.6∶1 的压缩比和前段发力的输出特性无时无刻不在提醒驾驶者，这是一辆沉稳低调的摩托车。本田 CB1300 提供了三种驾驶模式，即运动、标准、雨天，配合防抱死制动系统、牵引力控制系统、巡航控制系统等配置，可轻松应对不同骑行环境。

本田 CB1000R

本田 CB1000R 是日本本田公司设计制造的一款摩托车，于 2008 年开始量产（SC60），2018 年推出换代车型（SC80），官方指导价为人民币 19.38 万至 20.88 万元。

本田 CB1000R 是一款面向欧洲市场研发的车型，其外观造型与本田其他车型差异较大，既突出了整车的运

基本参数 (2021 年款标准版)	
上市时间	2021 年 4 月
类型	街车
发动机	直列四缸四冲程 1000cc
变速器	国际 6 挡
长 × 宽 × 高（毫米）	2115×789×1090
座高	833 毫米
轴距	1455 毫米
整备重量	213 千克
最高车速	233 千米 / 时
主油箱容量	16.2 升

动属性，又含蓄地表达了复古格调，使整车看起来时尚而又沉稳。该摩托车采用 5 英寸全液晶多功能仪表，前大灯、转向灯、后尾灯均采用 LED 光源，并标配了危险警示灯。

本田 CB1000R 搭载的水冷式发动机压缩比为 11.6∶1，在 7000 转 / 分时可爆发 66.1 千瓦的最大功率，在 7000 转 / 分时可释放 90.3 牛米的峰值扭矩，官方公布的平均油耗为 5.58 升 / 百公里。该摩托车配备湿式多片滑动离合器，采用链条传动。前轮规格为 120/70-ZR17，后轮规格为 190/55-ZR17。本田 CB1000R 提供运动、标准、雨天三种驾驶模式，并支持自定义驾驶模式。

本田 CB1100

本田 CB1100 是日本本田公司设计制造的一款摩托车，于 2010—2022 年量产，官方指导价为人民币 17.8 万元。

本田 CB1100 采用辨识度极高的圆形 LED 大灯，镀铬灯罩搭配小巧时尚的棒状 LED 转向灯，在兼顾流行设计元素的同时，保留了自身的复古风格。复古仪表盘位

基本参数（2022 年款）	
上市时间	2021 年 10 月
类型	复古车
发动机	直列四缸四冲程 1100cc
变速器	国际 6 挡
长 × 宽 × 高（毫米）	2180×800×1100
座高	795 毫米
轴距	1485 毫米
整备重量	252 千克
最高车速	200 千米 / 时
主油箱容量	16.8 升

于大灯上方，包括挡位显示、燃油量显示等信息。在仪表盘后方，独特的钢制油箱引人注目。该摩托车有蓝色、红色两种配色可供选择，经典的涂装搭配优雅精致的烤漆，增强了车身的运动感。

本田 CB1100 搭载了时下流行的直列四缸风油冷发动机和大容量油箱，更强的性能和更长的续航距离让骑行更加安心、舒适。此外，防抱死制动系统、加热式车把、前后 17 英寸轮毂以及抓地力极强的宽轮胎，大大提升了骑乘的安全性。无论是在市区骑行还是长途旅行，本田 CB1100 都是不错的选择。

本田 CBR500R

本田 CBR500R 是日本本田公司设计制造的一款摩托车，于 2013 年开始量产，官方指导价为人民币 6.98 万元。

本田 CBR500R 的外观设计简洁而富有张力，前脸造型极具辨识度。尖锐的 LED 大灯组搭配流线型车身，让整车看起来动感十足。整流罩融合了空气动力学设计，并采用了

基本参数 (2022 年款)	
上市时间	2022 年 4 月
类型	跑车
发动机	直列双缸四冲程 500cc
变速器	国际 6 挡
长 × 宽 × 高 (毫米)	2080×760×1145
座高	785 毫米
轴距	1410 毫米
整备重量	192 千克
最高车速	180 千米 / 时
主油箱容量	17.1 升

赛车风格颜色和涂装版画。车架采用高强度钢钻石框架结构，不仅保证了车身的轻量化，还提升了车身的刚性和稳定性。仪表采用 LCD 液晶显示，可显示油量、时间、里程、挡位等信息。油门采用双拉线设计。

本田 CBR500R 搭载的发动机压缩比为 10.7∶1，在 8500 转 / 分时可爆发 37 千瓦的最大功率，在 6500 转 / 分时可释放 45 牛米的峰值扭矩，官方公布的平均油耗为 3.24 升 / 百公里。该摩托车配备湿式多片滑动离合器，采用链条传动。前轮规格为 120/70-ZR17，后轮规格为 160/60-ZR17。前 / 后制动系统均为碟刹，前后轮均标配防抱死制动系统。

本田 NC750X

本田 NC750X 是日本本田公司设计制造的一款摩托车，于 2014 年开始量产，官方指导价为人民币 10.38 万至 11.38 万元。

本田 NC750X 拥有标志性的"鸟嘴"设计，整体造型比较简洁，没有过多的装饰。该摩托车的轴距相对较长，有助于提高车辆的稳定性和舒适

基本参数 (2021 年款 DCT)	
上市时间	2021 年 5 月
类型	探险车
发动机	直列双缸四冲程 750cc
变速器	6 挡双离合
长 × 宽 × 高（毫米）	2210×846×1330
座高	800 毫米
轴距	1540 毫米
整备重量	224 千克
最高车速	170 千米 / 时
主油箱容量	14.1 升

性，使其适合长途骑行和在高速公路上行驶。同时，本田 NC750X 还具有优秀的操控性能，可以轻松应对城市和郊区道路的各种情况。

本田 NC750X 搭载的发动机压缩比为 10.7∶1，使用 92 号汽油，在 6750 转 / 分时可爆发 43.1 千瓦的最大功率，在 4750 转 / 分时可释放 69 牛米的峰值扭矩，官方公布的平均油耗为 3.4 升 / 百公里。该摩托车提供运动、标准、雨天三种预设驾驶模式，其中雨天模式下降低了发动机响应能力和发动机制动能力，同时将牵引力控制能力提升到最高。而运动模式允许将发动机制动和牵引力设置为最低。此外，驾驶者也可以设置一种自定义驾驶模式。

本田 CB500X

本田 CB500X 是日本本田公司设计制造的一款摩托车，于 2016 年开始量产，官方指导价为人民币 7.22 万元。

本田 CB500X 继承了本田探险车的优良基因，拥有强劲的动力、稳健的悬架系统和卓越的舒适性能。该摩托车采用倒置式前叉和 Pro-Link 后悬架系统，可以有效地减轻整车重

基本参数 (2022 年款)	
上市时间	2022 年 4 月
类型	探险车
发动机	直列双缸四冲程 500cc
变速器	国际 6 挡
长 × 宽 × 高 (毫米)	2155×830×1380
座高	834 毫米
轴距	1445 毫米
整备重量	199 千克
最高车速	167 千米 / 时
主油箱容量	17.5 升

量，具有较好的刚性和稳定性。LED 大灯采用新设计，光照充足且外形小巧。数字仪表盘和运动型座椅等多种配置，展现出探险车型的动感魅力和青春活力。

本田 CB500X 搭载的发动机压缩比为 10.7：1，在 8500 转 / 分时可爆发 37 千瓦的最大功率，在 6500 转 / 分时可释放 45 牛米的峰值扭矩。该发动机具有高效、经济、低排放等诸多优点，并通过了许多国家或地区的环保法规认证，拥有良好的油耗表现。该车标配国际 6 挡变速箱与湿式多片滑动离合器，官方公布的平均油耗为 3.27 升 / 百公里。

本田 CRF1100L 非洲双缸

　　本田 CRF1100L 非洲双缸（Africa Twin）是日本本田公司设计制造的一款摩托车，于 2016 年开始量产，官方指导价为人民币 19.8 万至 24.9 万元。

　　非洲双缸系列是 1988 年本田为了挑战达喀尔拉力赛而研发的车型，第一代车型 XRV650 充分体现了

基本参数 (2022 年款标准版 DCT)	
上市时间	2022 年 8 月
类型	探险车
发动机	直列双缸四冲程 1100cc
变速器	6 挡双离合
长 × 宽 × 高 (毫米)	2310×960×1500
座高	810 毫米 /830 毫米
轴距	1560 毫米
整备重量	250 千克
最高车速	200 千米 / 时
主油箱容量	24.8 升

"Adventure Sports"（探险运动）概念，排量为 650cc。此后，第二代车型 XRV750 将排量提高到了 750cc，并逐渐赢得了世界各地用户的喜爱，直到 2001 年才停产。直到 2016 年，为满足市场需求，CRF1100L 凭借"True Adventure"（真实探险）概念重新回到大众视野。新一代车型分为标准版和探险运动版，其中标准版分为配备了手动变速箱的 MT 版和配备了自动变速箱的 DCT 版，而探险运动版则只有 DCT 版和在 DCT 版基础上增加电子减震的 ES 车型。

　　本田 CRF1100L 非洲双缸搭载全新设计的直列双缸水冷式发动机，其

冲程比以往车型更长、排量更大，输出功率和扭力都得到了提高。该摩托车仪表盘采用 6.5 英寸 TFT 全彩触控显示屏，可以轻松、准确地识别大量信息，同时支持 CarPlay 功能和蓝牙连接，极大地提高了便利性。在驾驶模式方面，该车提供了四种预设驾驶模式和两种自定义驾驶模式，以应对探险旅行中遇到的各种行驶情况，为骑行者提供富有乐趣的骑行体验。

行驶中的本田 CRF1100L 非洲双缸

不同涂装的本田 CRF1100L 非洲双缸

本田 X-ADV 750

本田 X-ADV 750 是日本本田公司设计制造的一款摩托车，于 2016 年开始量产，官方指导价为人民币 16.19 万至 16.29 万元。

本田 X-ADV 750 是一款跨界踏板车，采用了类似越野拉力车的外观造型，整体风格非常硬朗。采用这种外观设计的主要原因是本田希望打造一

基本参数 (2023 年款)	
上市时间	2023 年
类型	踏板车
发动机	直列双缸四冲程 750cc
变速器	6 挡双离合
长 × 宽 × 高 (毫米)	2200×940×1380
座高	790 毫米
轴距	1590 毫米
整备重量	235 千克
最高车速	190 千米 / 时
主油箱容量	13.2 升

款能突出可玩性和多用途的跨界踏板车，与雅马哈 TMAX560 在高端踏板车领域展开竞争。本田 X-ADV 750 采用本田全新的设计语言，前后辐条轮毂搭配全地形越野轮胎，大大增强了车辆的越野性能。配置方面，全车采用 LED 灯组设计，功能全面实用。仪表采用 TFT 全彩液晶数字仪表，支持手机互联投屏、胎压监测等。

本田 X-ADV 750 搭载的发动机压缩比为 10.7：1，使用 92 号汽油，在 6750 转 / 分时可爆发 43.1 千瓦的最大功率，在 4750 转 / 分时可释放 69 牛米的峰值扭矩，官方公布的平均油耗为 3.53 升 / 百公里。该摩托车配备

湿式多片离合器，采用链条传动。前轮规格为 120/70-R17，后轮规格为 160/60-R15。前制动系统为 296 毫米双碟盘搭配对向四活塞卡钳，后制动系统为 240 毫米单碟盘搭配单活塞卡钳。

本田 X-ADV 750 侧面视角

本田 X-ADV 750 侧前方视角

本田超级幼兽 C125

本田超级幼兽 C125（Super Cub C125）是日本本田公司设计制造的一款摩托车，于 2018 年开始量产，官方指导价为人民币 2.3 万元。

本田超级幼兽 C125 以圆润流畅的线条和简洁大方的造型著称，车身和底盘采用钢材制作，外观设计时尚简约。该摩托车配备 LED 头灯和 LED

基本参数 (2023 年款)	
上市时间	2023 年 1 月
类型	弯梁车
发动机	单缸四冲程 125cc
变速器	4 挡手动
长×宽×高（毫米）	1910×718×1002
座高	780 毫米
轴距	1243 毫米
整备重量	107 千克
最高车速	90 千米/时
主油箱容量	3.7 升

尾灯等先进照明系统，以及数字仪表、无钥匙启动等先进装置，为消费者带来安全、智能化的骑行体验。同时，该摩托车还配备了 26 毫米正立式前减震器和后双枪减震器，让骑行更加平稳和舒适。

本田超级幼兽 C125 搭载单缸风冷式发动机，最大功率为 6.7 千瓦（7500 转/分），峰值扭矩为 10.4 牛米（5000 转/分）。该发动机具有响应灵活、快速加速和低油耗等优点，可以轻松应对各种路况和需求。官方数据显示，本田超级幼兽 C125 的综合工况油耗仅为 1.5 升/百公里，这个油耗表现非常优秀，在续航方面也给予了消费者更多选择。该摩托车的油箱容量为 3.7 升，足以满足常规通勤所需。

本田超级幼兽 C125 侧前方视角

本田超级幼兽 C125 侧面视角

本田金翼 GL1800

本田金翼 GL1800
（Gold Wing GL1800）是
日本本田公司设计制造的
一款摩托车，是金翼系列
的第六代车型，于 2018 年
开始量产，官方指导价为
人民币 38 万至 44.5 万元。

本田金翼 GL1800 的
鹰眼式大灯设计极具视觉
冲击力，风挡两侧反光镜

基本参数 (2023 年款 DCT)	
上市时间	2023 年 4 月
类型	旅行车
发动机	水平对置六缸四冲程 1800cc
变速器	7 挡双离合
长 × 宽 × 高（毫米）	2615×905×1430
座高	745 毫米
轴距	1695 毫米
整备重量	385 千克
最高车速	200 千米 / 时
主油箱容量	21 升

上的转向灯也非常醒目。整个车身采用半包围式设计，这是金翼系列的特点所在，整车线条充满力量感，车尾两侧和正后方的行李箱尺寸较大。

本田金翼 GL1800 的发动机位置比较靠前，这种设计除了能提供更多空间给驾驶者外，还能提高操控性能。其发动机可以输出 93 千瓦的最大功率和 170 牛米的峰值扭矩，并且具备拥有专利的联动制动系统（LBS），可按比例分配制动力。本田金翼 GL1800 拥有接近汽车级别的操纵台，并且具备前后电加热座椅、电加热把手、可调式大灯、定速巡航等高级配置。

本田金翼 GL1800 侧后方视角

本田金翼 GL1800 侧面视角

本田 CM500

本田 CM500 是日本本田公司设计制造的一款摩托车，于 2020 年开始量产，官方指导价为人民币 6.18 万元。

本田 CM500 以简洁为设计理念，注重硬派气质，同时操纵简便，全面提升驾驶乐趣。整车采用钢管编织车架和铝制压铸辅助后车架，整个后挡泥板采用压延成型的钢板材

基本参数 (2022 年款)	
上市时间	2022 年
类型	巡航车
发动机	直列双缸四冲程 500cc
变速器	国际 6 挡
长 × 宽 × 高 (毫米)	2205×820×1090
座高	690 毫米
轴距	1490 毫米
整备重量	191 千克
最高车速	155 千米 / 时
主油箱容量	11.2 升

质。油箱造型非常优美，印有本田标志。分体式坐垫比较宽大，尾座直接设置在后挡泥板上。座高为 690 毫米，配合低手把和脚蹬，驾驶姿态更加舒适。全车采用 LED 光源，复眼式头灯采用 4 组 LED 内透镜灯珠组成，并采用电镀包边。尾灯采用 6 颗横置灯珠，造型比较简洁。仪表盘采用直径为 100 毫米的小型 LCD 液晶显示屏，显示功能比较丰富。

本田 CM500 搭载的发动机压缩比为 10.7∶1，使用 92 号汽油，在 8500 转 / 分时可爆发 33.6 千瓦的最大功率，在 6000 转 / 分时可释放 43.3 牛米的峰值扭矩，官方公布的平均油耗为 3.44 升 / 百公里。该摩托车配备湿式多片滑动离合器，采用链条传动。前轮规格为 130/90-16，后轮规格为 150/80-16。

本田 CBR650R

本田 CBR650R 是日本本田公司设计制造的一款摩托车，于 2019 年开始量产，2021 年推出换代车型，官方指导价为人民币 10.98 万元。

基本参数 (2022 年款)	
上市时间	2022 年 3 月
类型	跑车
发动机	直列四缸四冲程 650cc
变速器	国际 6 挡
长 × 宽 × 高 (毫米)	2130×750×1150
座高	810 毫米
轴距	1450 毫米
整备重量	208 千克
最高车速	193 千米 / 时
主油箱容量	15.4 升

本田 CBR650R 采用流线型设计，辨识度较高，尤其是车头部分，双 LED 大灯造型犀利，加上大灯下方的发动机冲压进气口，给人以强烈的视觉冲击。车尾短小精悍，极具运动感。除此之外，可选的后座套件、颜色拼接件等配饰也让本田 CBR650R 的外观更为多变，满足了不同消费者的需求。

本田 CBR650R 搭载的发动机压缩比为 11.6：1，使用 95 号汽油，在 9000 转 / 分时可爆发 56 千瓦的最大功率，在 8000 转 / 分时可释放 60 牛米的峰值扭矩，动力表现相当可观。同时，该摩托车还配备了防溢油握把、电子油门以及高效的水冷系统，让车辆在行驶中更加稳定可靠。此外，本田 CBR650R 还支持三段式切换驾驶模式，可以适应不同的骑行需求，从而实现更佳的动力响应。

本田 CM1100

本田 CM1100 是日本本田公司设计制造的一款摩托车，于 2021 年开始量产，官方指导价为人民币 14.3 万至 16.99 万元。

本田 CM1100 采用家族式外观设计，整体风格复古简约，裸露的钢管车架以及整车流畅的线条设计，圆形的复古头灯以及液晶仪表都充满复古韵

基本参数 (2023 年款 DCT)	
上市时间	2023 年
类型	巡航车
发动机	直列双缸四冲程 1100cc
变速器	6 挡双离合
长 × 宽 × 高 (毫米)	2240×834×1115
座高	700 毫米
轴距	1520 毫米
整备重量	233 千克
最高车速	210 千米 / 时
主油箱容量	13.6 升

味。该摩托车分为配备手动变速箱的 MT 版和配备自动变速箱的 DCT 版，两个版本在车身尺寸、整备重量、油耗表现等方面略有差异。

本田 CM1100 搭载本田 CRF1100L 非洲双缸同款的水冷式发动机，压缩比为 10∶1，在 7000 转 / 分时可爆发 59 千瓦的最大功率，在 4750 转 / 分时可释放 94 牛米的峰值扭矩，加速至 100 千米 / 时仅需 5.9 秒，官方公布的平均油耗为 4.8 升 / 百公里。该摩托车配备湿式多片离合器，采用链条传动。前轮规格为 130/70-B18，后轮规格为 180/65-B16。前 / 后制动系统均为碟刹，前后轮均标配防抱死制动系统。

本田 NT1100

本田 NT1100 是日本本田公司设计制造的一款摩托车，于 2021 年开始量产，官方指导价为人民币 19.9 万元。

1999 年上市的本田 NT700V 正式开启了本田 NT 家族的跨界之旅。本田 NT1100 于 2021 年 10 月在欧洲登场，2023 年 3 月开始在日本上市销售。本田 NT1100 是以本田

基本参数 (2022 年款)	
上市时间	2022 年 6 月
类型	旅行车
发动机	直列双缸四冲程 1100cc
变速器	6 挡双离合
长 × 宽 × 高 (毫米)	2240×865×1360
座高	820 毫米
轴距	1535 毫米
整备重量	248 千克
最高车速	210 千米 / 时
主油箱容量	20.4 升

CRF1100L 非洲双缸作为基础架构打造的跨界车型，其以前后 17 英寸轮毂、丰富的电控系统、轻松舒适的骑乘体验为卖点。该车依然保持了 NT 家族独有的跨界外观，鹰眼式大灯中央为日间行车灯，采用 LED 光源。车头导流罩采用了高效的、带保护性的空气动力学设计，重点考虑驾驶者的舒适性，且两侧还配备了副挡板，进一步为驾驶者提供了良好的风阻保护。

本田 NT1100 搭载了的直列双缸发动机压缩比为 10：1，在 7500 转 / 分时可爆发 73 千瓦的最大功率，在 6000 转 / 分时可释放 103 牛米的峰值扭矩，官方公布的平均油耗为 4.53 升 / 百公里。该摩托车共有五种驾驶模式可以选择，包含三种预设模式（城市、雨天、旅行）和两种自定义模式，驾驶模式也能直接连动牵引力控制系统、发动机制动系统、动力模式等，并且具备定速巡航、循迹控制和孤轮抑制防翘头等先进功能。

本田 CB750 大黄蜂

本田 CB750 大黄蜂（Hornet）是日本本田公司设计制造的一款摩托车，于 2022 年开始量产，官方指导价为人民币 8.98 万元。

本田 CB750 大黄蜂拥有全新设计的钢制菱形车架，在提供刚性的同时也让车身更稳定，轻量化的设计使该摩托车的整备重量仅有 190 千克。本

基本参数 (2023 年款)	
上市时间	2023 年 5 月
类型	街车
发动机	直列双缸四冲程 750cc
变速器	国际 6 挡
长 × 宽 × 高 (毫米)	2090×780×1085
座高	795 毫米
轴距	1460 毫米
整备重量	190 千克
最高车速	205 千米 / 时
主油箱容量	15.2 升

田 CB750 大黄蜂的盾形 LED 大灯类似本田 CB500X，为了增强运动气息，角度和线条变得更锐利，减震器和车架也采用了能够突出运动性的红色。而油箱、座椅、排气筒、后摇臂的造型则比较保守。

本田 CB750 大黄蜂搭载的发动机压缩比为 11∶1，使用 92 号汽油，在 7000 转 / 分时可爆发 51 千瓦的最大功率，在 7000 转 / 分时可释放 69 牛米的峰值扭矩，官方公布的平均油耗为 4.26 升 / 百公里。电控系统方面，除了双通道防抱死制动系统以外，还提供了牵引力控制系统以及三种驾驶模式，分别为运动、标准、雨天，不同的驾驶模式会对动力的输出进行不同的控制分配。

川崎 Z1000

　　川崎 Z1000 是日本川崎重工业公司设计制造的一款摩托车，于 2003 年开始量产，官方指导价为人民币 15.4 万至 16.9 万元。

　　川崎 Z1000 从 2014 年款开始采用蟒蛇头的设计，经典的川崎绿和蟒蛇元素相得益彰。川崎 Z1000 的外观造型并不像多数街车那样棱角分明，

基本参数 (2022 年款)	
上市时间	2021 年 12 月
类型	街车
发动机	直列四缸四冲程 1000cc
变速器	国际 6 挡
长 × 宽 × 高 (毫米)	2050×790×1055
座高	815 毫米
轴距	1440 毫米
整备重量	221 千克
最高车速	299 千米 / 时
主油箱容量	17 升

而是把蟒蛇元素的精髓充分利用，整车以一种优美的曲线构成，内敛的力量感中蕴藏着肃杀之气，这种独有的凶悍之势让人一眼难忘。

　　川崎 Z1000 搭载的发动机压缩比为 11.8：1，使用 95 号汽油，在 9800 转 / 分时可爆发 101 千瓦的最大功率，在 7300 转 / 分时可释放 109 牛米的峰值扭矩，加速至 100 千米 / 时仅需 3.5 秒，官方公布的平均油耗为 8 升 / 百公里。川崎 Z1000 和其他超级街车的最大区别是它没有配备复杂的电控系统，因为它的设计初衷是带给消费者足够纯粹的驾驶体验，所以川崎 Z1000 在售价上相对其他超级街车来说要便宜不少。

川崎忍者 ZX-10R

川崎忍者 ZX-10R（Ninja ZX-10R）是日本川崎重工业公司设计制造的一款摩托车，于 2004 年开始量产，官方指导价为人民币 23.68 万至 34.98 万元。

川崎忍者 ZX-10R 采用家族式前脸设计，大灯两侧有一组集成式定风翼，外部无凸起的隐形设计让外包围

基本参数 (2023 年款)	
上市时间	2023 年 6 月
类型	跑车
发动机	直列四缸四冲程 1000cc
变速器	国际 6 挡
长 × 宽 × 高 (毫米)	2085×750×1185
座高	835 毫米
轴距	1450 毫米
整备重量	207 千克
最高车速	299 千米 / 时
主油箱容量	17 升

向前突进，使前脸更具侵略性。同时为了提高空气动力学效率，还采用了较高的风挡以及冲压空气进气口设计。车身两侧配备了大尺寸的进气口，不仅能够有效地为发动机散热，也能够增加车身的力量感和运动感。车尾则采用了短小精悍的设计，配合高挑的后座垫和尾灯，营造出一种轻盈和灵动的感觉。

川崎忍者 ZX-10R 搭载的发动机压缩比为 13∶1，采用双顶置凸轮轴十六气门设计，使用 95 号汽油，在 13200 转 / 分时可爆发 157 千瓦的最大功率，在 11400 转 / 分时可释放 115 牛米的峰值扭矩，加速至 100 千米 / 时

仅需 2.9 秒。该车配备湿式多片离合器，采用链条传动。前轮规格为 120/70-ZR17，后轮规格为 190/55-ZR17。

川崎忍者 ZX-10R 过弯

川崎忍者 ZX-10R 侧面视角

川崎忍者 1000SX

川崎忍者 1000SX（Ninja 1000SX）是日本川崎重工业公司设计制造的一款摩托车，于 2011 年开始量产，官方指导价为人民币 17.92 万元。

川崎忍者 1000SX 在忍者家族化设计延续的同时也融入了运动旅行车的风格。该车采用俯冲姿态的前脸设计，

基本参数 (2023 年款)	
上市时间	2023 年
类型	旅行车
发动机	直列四缸四冲程 1000cc
变速器	国际 6 挡
长 × 宽 × 高 (毫米)	2100×825×1225
座高	835 毫米
轴距	1440 毫米
整备重量	235 千克
最高车速	246 千米 / 时
主油箱容量	19 升

配合犀利的 LED 大灯造型，充满视觉张力。风挡提供四挡调节，只需按压仪表右下侧的开关，就能轻松单手完成高低调整。双人座椅采用阶梯式的分离设计，坐垫尺寸较大。该摩托车可以选装与车身同色的边箱，后座的两个扶手都预留了边箱快拆的接口。

川崎忍者 1000SX 搭载的发动机压缩比为 11.8：1，使用 95 号汽油，在 10000 转 / 分时可爆发 105 千瓦的最大功率，在 8000 转 / 分时可释放 111 牛米的峰值扭矩。作为一款旅行车，川崎忍者 1000SX 具有定速巡航功能，并且支持一键开启，骑行过程中操作起来更方便、更安全。

川崎忍者 1000SX 侧前方视角

川崎忍者 1000SX 过弯

川崎忍者 H2

川崎忍者 H2（Ninja H2）是日本川崎重工业公司设计制造的一款摩托车，于 2015 年开始量产，官方指导价为人民币 42.4 万至 44.2 万元。

川崎忍者 H2 的命名来自川崎的两个系列车型，"忍者"代表的是川崎集技术之大成的性能跑车，而"H2"

基本参数 (2023 年款)	
上市时间	2023 年
类型	跑车
发动机	直列四缸四冲程 1000cc
变速器	国际 6 挡
长 × 宽 × 高（毫米）	2085×770×1125
座高	825 毫米
轴距	1455 毫米
整备重量	238 千克
最高车速	337 千米 / 时
主油箱容量	17 升

则是来自 1971 年以大功率、操控性、外形三大要素风靡全球重型摩托车市场的川崎 750SS Mach IV H2。川崎忍者 H2 宛如艺术品般的外观设计，每一处细节都充满了动感和科技元素。其后视镜的设计灵感源于航空航天工业，配合整流罩，有助于提升行驶的下压力。该摩托车采用经典的黑绿配色，这也是川崎摩托车的标志性搭配。

川崎忍者 H2 搭载了一台直列四缸水冷式涡轮增压发动机，1000cc 排量配备 DOHC 四气门结构，在 11500 转 / 分时可爆发 178 千瓦的最大功率，在 11000 转 / 分时可释放 142 牛米的峰值扭矩，配合涡轮增压系统，驾驶者会瞬间感受到无与伦比的加速度。此外，高性能的排气系统还能提供更加激动人心的发动机声浪。

川崎忍者 650

川崎忍者 650（Ninja 650）是日本川崎重工业公司设计制造的一款摩托车，于 2017 年开始量产，官方指导价为人民币 7.48 万至 8.23 万元。

川崎忍者 650 采用锐利而流畅的车身线条，既体现了川崎忍者系列的传统风格，又展现了现代摩托车先进的设计理念。独特的 LED 灯组和一体

基本参数 (2023 年款)	
上市时间	2023 年 2 月
类型	跑车
发动机	直列双缸四冲程 650cc
变速器	国际 6 挡
长 × 宽 × 高 (毫米)	2115×740×1145
座高	790 毫米
轴距	1410 毫米
整备重量	193 千克
最高车速	210 千米 / 时
主油箱容量	15 升

式尾灯，让该摩托车在众多同类产品中独树一帜，无论是停在路边还是驰骋在公路上，都能吸引人们的目光。时尚简洁的 TFT 全彩仪表内置蓝牙芯片，具备智能手机连接功能，可以让驾驶者在 App 上查看丰富的车辆信息，有助于增强骑行体验。

川崎忍者 650 搭载的发动机压缩比为 10.8：1，使用 92 号汽油，在 7200 转 / 分时可爆发 45.5 千瓦的最大功率，在 6700 转 / 分时可释放 62 牛米的峰值扭矩。该摩托车配备湿式多片滑动离合器，采用链条传动。该摩托车配备了川崎的 KTRC 牵引力控制系统，不仅增强了运动骑行性能，还可以增强驾驶者在低牵引力路面上骑行的信心，结合紧凑的防抱死制动系统，能够有效保障驾驶者的骑行安全。

川崎忍者 H2 SX

川崎忍者 H2 SX（Ninja H2 SX）是日本川崎重工业公司设计制造的一款摩托车，于 2018 年开始量产，官方指导价为人民币 32.88 万元。

川崎忍者 H2 SX 采用网格式高拉力钢制车架，搭配铝合金单摇臂，在保证整车操控性的同时，使驾乘姿势更符合人体工程学，为长途

基本参数 (2022 年款)	
上市时间	2021 年 12 月
类型	旅行车
发动机	直列四缸四冲程 1000cc
变速器	国际 6 挡
长 × 宽 × 高 (毫米)	2175×790×1260
座高	835 毫米
轴距	1480 毫米
整备重量	264 千克
最高车速	294 千米 / 时
主油箱容量	19 升

行驶提供了舒适的驾乘感受。车身侧面奔放的整流罩设计，降低风阻的同时也让川崎忍者 H2 SX 看起来更加动感。双边双出的排气筒更是彰显了其强大的动力性能。该摩托车具有自动感应大灯功能，能够利用车身前方的摄像头传感器来判断灯光的开启状态，以获得更好的驾驶视野。

川崎忍者 H2 SX 搭载一台直列四缸水冷式发动机，在独特的机械增压技术的加持下带来了澎湃的动力响应，更专注于中低挡动力输出和令人振奋的加速性能，其最大功率为 154 千瓦，峰值扭矩为 137 牛米。该摩托车配备了自适应巡航控制、前方碰撞警告、盲点检测、胎压监测系统等配置，为驾驶者提供了更全面的保护。

川崎忍者 H2 SX 侧面视角

川崎忍者 H2 SX 侧前方视角

川崎异兽 1000

川崎异兽 1000（Versys 1000）是日本川崎重工业公司设计制造的一款摩托车，于 2012 年开始量产，官方指导价为人民币 15.9 万元。

川崎异兽 1000 的外观造型延续了川崎异兽家族的系列设计，视觉重心靠近车头位置，前脸线条犀利，看上去颇具气势。壮硕的车头上

基本参数 (2021 年款)	
上市时间	2021 年
类型	探险车
发动机	直列四缸四冲程 1000cc
变速器	国际 6 挡
长 × 宽 × 高（毫米）	2270×895×1465
座高	820 毫米
轴距	1520 毫米
整备重量	250 千克
最高车速	240 千米 / 时
主油箱容量	21 升

方是无级可调风挡，运动风格十足，风挡可在骑乘位置徒手进行调整。

川崎异兽 1000 搭载的发动机压缩比为 10.3∶1，使用 95 号汽油，在 8900 转 / 分时可爆发 84 千瓦的最大功率，在 6500 转 / 分时可释放 100 牛米的峰值扭矩。该摩托车配备湿式多片滑动离合器，采用链条传动。前轮规格为 120/70-ZR17，后轮规格为 180/55-ZR17。前制动系统为 310 毫米双碟盘搭配四活塞卡钳，后制动系统为 250 毫米单碟盘搭配双活塞卡钳，前后轮均标配防抱死制动系统。

川崎异兽 1000 车头部位特写

川崎异兽 1000 侧面视角

川崎火神 S

川崎火神 S（Vulcan S）是日本川崎重工业公司设计制造的一款摩托车，于 2014 年开始量产，官方指导价为人民币 7.88 万至 7.98 万元。

川崎火神 S 作为一款经典的美式巡航车，其外观设计既传承了美式巡航车的经典风格，又融入了现代时尚元素，使其在保持个性的同时，也展

基本参数 (2023 年款)	
上市时间	2023 年
类型	巡航车
发动机	直列双缸四冲程 650cc
变速器	国际 6 挡
长 × 宽 × 高 (毫米)	2310×880×1100
座高	705 毫米
轴距	1575 毫米
整备重量	229 千克
最高车速	175 千米 / 时
主油箱容量	14 升

现出了十足的魅力。车身线条流畅自然，一直延伸至车尾，让整车看起来更加饱满有力。整车最具辨识度的设计便是头灯，其锐利的三角形设计，与车头造型相得益彰，灯光系统则采用全 LED 光源。车身采用轻量化结构设计，以及高强度钢管和铝合金材料。这种设计可以使整车重量更轻，提高车辆的操控性和加速性能。舒适的巡航座椅设计，能够满足双人舒适出行的需要。

川崎火神 S 搭载的发动机压缩比为 10.8：1，使用 92 号汽油，在 7500 转 / 分时可爆发 45 千瓦的最大功率，在 6600 转 / 分时可释放 63 牛米的峰值扭矩。该摩托车配备湿式多片离合器，采用链条传动。前轮规格为 120/70-R18，后轮规格为 160/60-R17。

川崎 Z900RS

川崎 Z900RS 是日本川崎重工业公司设计制造的一款摩托车，于 2017 年开始量产，官方指导价为人民币 13.9 万至 14.9 万元。

川崎 Z900RS 整车散发着浓郁的怀旧感，同时又不失时尚感。车头部分则保留了经典的圆形大灯设计，搭配多辐轮毂，彰显其典雅的风格。车身侧面线条流畅，显得简洁、精致。

基本参数 (2022 年款)	
上市时间	2022 年
类型	复古车
发动机	直列四缸四冲程 900cc
变速器	国际 6 挡
长 × 宽 × 高 (毫米)	2100×865×1150
座高	800 毫米
轴距	1470 毫米
整备重量	215 千克
最高车速	230 千米 / 时
主油箱容量	17 升

川崎 Z900RS 搭载的水冷式发动机压缩比为 10.8：1，使用 95 号汽油，在 7500 转 / 分时可爆发 74 千瓦的最大功率，在 6500 转 / 分时可释放 95 牛米的峰值扭矩。该发动机具有较强的爆发力，同时还具有较好的中低速扭矩表现，能够给驾驶者带来更顺畅的驾驶体验。川崎 Z900RS 配备了川崎的 KTRC 循迹系统，能够根据不同的路面、气候和骑行条件进行智能调节，使骑行更加安全稳定。同时，该车采用国际 6 挡变速器与湿式多片滑动离合器，能够实现平顺换挡，让驾驶者可以更流畅地掌控车辆的动力输出。配合其 17 升油箱，能够满足长途骑行的需求。

川崎 W800

川崎 W800 是日本川崎重工业公司设计制造的一款摩托车，于 2019 年开始量产，官方指导价为人民币 10.89 万至 11.59 万元。

川崎 W800 的风格非常圆润，除了显眼的圆形大灯和仪表以外，转向灯、油箱盖、左右护板、排气筒连接螺帽、发动机外形轮廓，都是偏圆润的

基本参数 (2023 年款)	
上市时间	2022 年 8 月
类型	复古车
发动机	直列双缸四冲程 800cc
变速器	国际 5 挡
长 × 宽 × 高 (毫米)	2190×790×1075
座高	790 毫米
轴距	1465 毫米
整备重量	226 千克
最高车速	170 千米 / 时
主油箱容量	15 升

设计。大灯在保留复古韵味的同时也加入了流行元素，内部呈十字交叉结构，由 4 颗 LED 近光灯珠和 2 颗 LED 远光灯珠组成，提供了出色的照明效果。川崎 W800 的车架采用双摇篮设计，刚性十足。优雅纯粹的双排气筒也与整车设计相得益彰。

川崎 W800 搭载的风冷式发动机压缩比为 8.4∶1，在 6000 转 / 分时可爆发 35 千瓦的最大功率，在 4800 转 / 分时可释放 63 牛米的峰值扭矩。该车配备湿式多片滑动离合器，采用链条传动。前轮规格为 100/90-R18，后轮规格为 130/80-R18。前制动系统为 320 毫米单盘搭配双活塞卡钳，后制动系统为 270 毫米单盘搭配双活塞卡钳。

川崎 W800 左侧视角

川崎 W800 右侧视角

川崎 Z H2

川崎 Z H2 是日本川崎重工业公司设计制造的一款摩托车，于 2019 年开始量产，官方指导价为人民币 23.9 万至 26.9 万元。

川崎 Z H2 是一款基于川崎忍者 H2 打造的"超级裸感街车"，其搭载机械涡轮增压发动机，以 200 马力（147 千瓦）的强悍动力领

基本参数 (2021 年款)	
上市时间	2020 年 6 月
类型	街车
发动机	直列四缸四冲程 1000cc
变速器	国际 6 挡
长 × 宽 × 高 (毫米)	2085×810×1130
座高	830 毫米
轴距	1455 毫米
整备重量	240 千克
最高车速	300 千米 / 时
主油箱容量	19 升

跑同级别街车，向世人展示了川崎的技术储备，并成为未来摩托车发展"图腾"般的存在。川崎公司宣称，川崎 Z H2 是有史以来最激进、最先进的 Z 系街车，将成为难以超越的"终极"版本。川崎 Z H2 的外观沿用了 Z 系列的家族式设计，犹如一头伺机猎食、血脉偾张的猛兽，极具力量感和科技感。该摩托车有三种配色可选，绿色、红色、黑色都是川崎品牌的标志性颜色。

川崎 Z H2 搭载的水冷式发动机压缩比为 11.2∶1，使用 95 号汽油，在 11000 转 / 分时可爆发 147 千瓦的最大功率，在 8500 转 / 分时可释放 137

牛米的峰值扭矩。该摩托车配备湿式多片滑动离合器，采用链条传动。前轮规格为 120/70-ZR17，后轮规格为 190/55-ZR17。

川崎 Z H2 左前方视角

川崎 Z H2 右前方视角

铃木SV650

铃木 SV650 是日本铃木公司设计制造的一款摩托车，于 1999 年开始量产，2003 年推出第二代车型，2017 年推出第三代车型，官方指导价为人民币 8.58 万至 9.28 万元。

铃木 SV650 以"传递 V 型双缸骑乘乐趣"为宗旨，自 1999 年首次亮相以来迅速风靡全球，成为许多街车爱好者的

基本参数 (2022 年款)	
上市时间	2022 年
类型	街车
发动机	V 型双缸四冲程 650cc
变速器	国际 6 挡
长 × 宽 × 高 (毫米)	2140×760×1090
座高	785 毫米
轴距	1445 毫米
整备重量	200 千克
最高车速	220 千米 / 时
主油箱容量	14.5 升

首选。选择这款通用型摩托车，驾驶者不仅可以在城市道路上轻车熟路，在赛道上同样能够得心应手。铃木 SV650 的车架采用轻型钢质材料，不仅实现了纤细的整体造型，也高调突出了 V 型双缸发动机强劲坚固的特点。该摩托车的流线型外形得益于两点：符合人体工程学的侧罩和优化的座椅设计，这样在停车时身体跨坐在摩托车上双脚即可舒适着地，而在弯路上骑行时也可以轻松侧倾并完成转弯操作。

铃木 SV650 搭载的水冷式发动机压缩比为 11.2：1，在 8500 转 / 分时可爆发 51.7 千瓦的最大功率，在 8100 转 / 分时可释放 59.9 牛米的峰值扭矩。

该发动机采用不规则点火间隙，经校准后，不仅可以营造出酷似心跳的独特声音，同时还能确保线性动力的稳定传输。

铃木 SV650 右侧视角

铃木 SV650 过弯

铃木 GSX1300R 隼

铃木 GSX1300R 隼（Haya-busa）是日本铃木公司设计制造的一款摩托车，于 1999 年开始量产，2008 年推出第二代车型，2022 年推出第三代车型，官方指导价为人民币 23.9 万元。

与飞机突破音障一样，300 千米 / 时对于汽车和摩托车来说也是一道难以跨越

基本参数（2022 年款）	
上市时间	2022 年
类型	跑车
发动机	直列四缸四冲程 1300cc
变速器	国际 6 挡
长 × 宽 × 高（毫米）	2180×735×1165
座高	1480 毫米
轴距	800 毫米
整备重量	264 千克
最高车速	312 千米 / 时
主油箱容量	20 升

的鸿沟。即便在功率上不存在障碍，多数厂家也会将最高车速限定在 299 千米 / 时。而铃木 GSX1300R 隼则是为数不多敢于挑战 300 千米 / 时车速的车型之一。该摩托车集中应用了不少高新技术，在动力性能、经济性能、舒适性能、安全性能和环保性能等方面均精益求精。

铃木 GSX1300R 隼在外观上并没有现在流行的超级跑车的锋利线条，仍然保持了 20 世纪 90 年代的设计理念，整车造型圆润流畅。转向灯镶嵌在前脸上，两把内侧各有一个进气口，中间是一个堆叠式的大灯。该摩托车搭载的发动机压缩比为 12.5∶1，在 9700 转 / 分时可爆发 140 千瓦的最大功率，在 7000 转 / 分时可释放 150 牛米的峰值扭矩，加速至 100 千米 / 时仅需 2.38 秒。

行驶中的铃木 GSX1300R 隼

铃木 GSX1300R 隼开启大灯

铃木 GSX-R1000

铃木 GSX-R1000 是日本铃木公司设计制造的一款摩托车，于 2001 年开始量产，官方指导价为人民币 15 万元。

铃木 GSX-R1000 外观设计流畅，极具动感，车头采用圆形 LED 灯组，造型犀利，极具辨识度。车身采用轻量化设计，整体重量减轻，带来更好的操控性和加速性。

基本参数 (2022 年款)	
上市时间	2022 年
类型	跑车
发动机	直列四缸四冲程 1000cc
变速器	国际 6 挡
长 × 宽 × 高 (毫米)	2075×705×1145
座高	825 毫米
轴距	1420 毫米
整备重量	202 千克
最高车速	310 千米 / 时
主油箱容量	17 升

该摩托车拥有多项先进技术加持，如触控式仪表盘、自动调节悬架系统、双向换挡器和倾角控制等，这些配置使其更符合年轻消费者对科技的追求。

铃木 GSX-R1000 搭载的水冷式发动机采用液压式凸轮轴驱动系统和燃油双喷射系统，压缩比为 13.2：1，在 13200 转 / 分时可爆发 148.6 千瓦的最大功率，在 10800 转 / 分时可释放 117.6 牛米的峰值扭矩。该摩托车配备湿式多片离合器，采用链条传动。前轮规格为 120/70-ZR17，后轮规格为 190/55-ZR17。

铃木 GSX-R1000 过弯

铃木 GSX-R1000 侧面视角

铃木 V-Strom 650

铃木 V-Strom 650 是日本铃木公司设计制造的一款摩托车，于 2004 年开始量产，2012 年推出第二代车型，2017 年推出第三代车型，官方指导价为人民币 10.98 万至 11.48 万元。

铃木 V-Strom 650 的外观延续了 V-Strom 家族式设计，三段可调风挡通过了风洞测

基本参数 (2021 年款 XT)	
上市时间	2021 年
类型	探险车
发动机	V 型双缸四冲程 650cc
变速器	国际 6 挡
长 × 宽 × 高（毫米）	2275×835×1405
座高	835 毫米
轴距	1560 毫米
整备重量	213 千克
最高车速	200 千米 / 时
主油箱容量	20 升

试，整体车身紧凑，侧面线条流畅，尾部造型简约。铝制车架和铸造轮毂证明了它的定位是休旅而非越野。铃木 V-Strom 650 分为标准版和 XT 版，后者采用了真空辐条轮毂，并搭配了护手和发动机护罩，同时还标配 37 升行李箱。

铃木 V-Strom 650 搭载的发动机压缩比为 11.2：1，使用 95 号汽油，最大功率为 52 千瓦，峰值扭矩为 64 牛米。该摩托车配备湿式多片离合器，采用链条传动。前轮规格为 110/80-R19，后轮规格为 150/70-R17。前制动系统为 310 毫米双碟搭配双活塞卡钳，后制动系统为 250 毫米单碟搭配单活塞卡钳，前后轮均标配防抱死制动系统。

铃木 GSX-S1000

铃木 GSX-S1000 是日本铃木公司设计制造的一款摩托车，于 2015 年开始量产，官方指导价为人民币 15.58 万至 20.39 万元。

铃木 GSX-S1000 采用前卫的机甲风格设计，垂直排列的六边形 LED 大灯格外抢眼。车头加入了小型定风翼设计，在提升前脸美感的

基本参数 (2021 年款)	
上市时间	2021 年
类型	街车
发动机	直列四缸四冲程 1000cc
变速器	国际 6 挡
长 × 宽 × 高 (毫米)	2115×795×1080
座高	810 毫米
轴距	1460 毫米
整备重量	207 千克
最高车速	280 千米 / 时
主油箱容量	17 升

同时，性能也得以增强。手把做了加宽处理，采用浮动支架，可减轻震动感，并使骑行姿态趋于直立，提高骑行舒适性。车身侧面线条凌厉，如刀刻斧劈一般。LED 尾灯与运动车尾的组合，与整车的运动气质相得益彰。

铃木 GSX-S1000 搭载的发动机压缩比为 12.2：1，在 11300 转 / 分时可爆发 112.5 千瓦的最大功率，在 9400 转 / 分时可释放 108 牛米的峰值扭矩。该摩托车拥有醒目的 KYB 金色倒置前叉，具备阻尼回弹预载调节功能。后悬架采用同样具有预载调节功能的中置后减震，搭配铝合金后摇臂，经过调校，弯道表现更加出色，操控更加轻松自如。制动方面，采用高规格的布雷博制动系统，前轮采用 310 毫米双浮动盘搭配对向四活塞卡钳，后轮采用 250 毫米单盘搭配双活塞卡钳，标配博世双通道防抱死制动系统，并具备 5 级调节功能的牵引力控制系统。

铃木 V-Strom 1050

铃木 V-Strom 1050 是日本铃木公司设计制造的一款摩托车，于 2020 年开始量产，官方指导价为人民币 15.28 万至 16.48 万元。

铃木 V-Strom 1050 独特的外观融合了铃木传奇的 DR-Z 沙漠赛车和大型越野车型 DR-BIG 的设计元素。前脸仍然采用经典鸟嘴式设

基本参数（2022 年款）	
上市时间	2022 年
类型	探险车
发动机	V 型双缸四冲程 1050cc
变速器	国际 6 挡
长 × 宽 × 高（毫米）	2265×870×1515
座高	855 毫米
轴距	1555 毫米
整备重量	236 千克
最高车速	220 千米 / 时
主油箱容量	20 升

计，矩形、垂直堆叠的前大灯显得新颖而独特。前大灯可以清晰地照亮路面和路肩，视野及其开阔。前照灯单元采用了轻量化设计，从而与车辆的总重量保持良好平衡。该车采用铝制锥形车把，在保持高强度及轻量化的同时，还展现了其越野风范。

铃木 V-Strom 1050 搭载的发动机压缩比为 11.5∶1，在 8500 转 / 分时可爆发 79 千瓦的最大功率，在 6000 转 / 分时可释放 100 牛米的峰值扭矩，官方公布的平均油耗为 4.9 升 / 百公里。该发动机在低转速范围内会发出低沉的隆隆声，在中等转速范围内客输出强劲的线性扭矩，在高转速范围内客提供强大的功率，并保持平稳运行驶。铃木 V-Strom 1050 配备了铃木智能骑行系统，该系统向驾驶者提供了多种智能控制，有效提高了旅途和日常生活中的便利性。

雅马哈 YZF-R1

雅马哈 YZF-R1 是日本雅马哈公司设计制造的一款摩托车，于 1998 年开始量产，第六代车型于 2015 年上市，官方指导价为人民币 22.98 万至 29.98 万元。

雅马哈 YZF-R1 的外观设计灵感来源于世界摩托车锦标赛中的参赛车型，具有流线型的车身设计、超低的

基本参数 (2022 年款)	
上市时间	2022 年 10 月
类型	跑车
发动机	直列四缸四冲程 1000cc
变速器	国际 6 挡
长 × 宽 × 高 (毫米)	2055×690×1165
座高	855 毫米
轴距	1405 毫米
整备重量	201 千克
最高车速	299 千米 / 时
主油箱容量	17 升

风阻系数和家族式运动风格。紧凑的 LED 双灯组与流线型整流罩相结合，营造出明显的、具有攻击性的空气动力学轮廓。先进的 Delta box 铝制轻量化三角车架，在高刚性和轻量化之间做到了很好的平衡，提高了整车的操控性和舒适性，从而可以轻松应对不同的路况和骑行需求。

雅马哈 YZF-R1 搭载的发动机压缩比为 13：1，在 13500 转 / 分时可爆发 147 千瓦的最大功率，在 11500 转 / 分时可释放 113 牛米的峰值扭矩，加速至 100 千米 / 时仅需 2.6 秒。该发动机采用雅马哈独特的交叉平面曲轴技术，提供直接、线性的动力输出。

雅马哈 YZF-R7

雅马哈 YZF-R7 是日本雅马哈公司设计制造的一款摩托车，于 1999 年开始量产，官方指导价为人民币 10.98 万至 11.98 万元。

雅马哈 YZF-R7 延续家族式风格的前脸设计，M 形中央导流孔与流线型整流罩相结合，有效减少了空气阻力。两道锐利的 LED 灯眉使前脸变

基本参数 (2022 年款)	
上市时间	2022 年 9 月
类型	跑车
发动机	直列双缸四冲程 700cc
变速器	国际 6 挡
长 × 宽 × 高 (毫米)	2070×705×1160
座高	835 毫米
轴距	1395 毫米
整备重量	188 千克
最高车速	262 千米 / 时
主油箱容量	13 升

得更有神韵。分离式运动手把设计，使其拥有了介于雅马哈 YZF-R1 与雅马哈 YZF-R3 之间的轻微俯身骑行姿态。车架也采用了轻量化的钻石型结构，这也使其拥有了家族车型中最纤薄的车身，同时也具备了更好的刚性和操控性。

雅马哈 YZF-R7 搭载的水冷式发动机采用双顶置凸轮轴四气门结构，270 度曲柄设计以及电喷系统，压缩比为 11.5：1，使用 95 号汽油，在 8750 转 / 分时可爆发 54 千瓦的最大功率，在 6500 转 / 分时可释放 67 牛米的峰值扭矩。该摩托车配备湿式多片滑动离合器，采用链条传动。前轮规格为 120/70-ZR17，后轮规格为 180/55-ZR17。

雅马哈 YZF-R7 侧前方视角

雅马哈 YZF-R7 侧面视角

雅马哈 MT-03

雅马哈 MT-03 是日本雅马哈公司设计制造的一款摩托车，于 2006 年开始量产，官方指导价为人民币 3.98 万元。

雅马哈 MT-03 延续了雅马哈 MT 家族机甲风格浓郁的前脸设计，采用了大量直线条元素来增加力量感。其车把位置相对较高，使驾驶者坐姿更加笔直，而相对笔直的坐姿能够

基本参数（2022 年款）	
上市时间	2022 年 7 月
类型	街车
发动机	直列双缸四冲程 320cc
变速器	国际 6 挡
长 × 宽 × 高（毫米）	2090×755×1070
座高	780 毫米
轴距	1380 毫米
整备重量	165 千克
最高车速	180 千米 / 时
主油箱容量	14 升

提升骑乘的舒适度。配合只有 780 毫米的座高，无论是新手还是身材较小的驾驶者，在上下车的时候都不会感到吃力。座位采用分体式设计，符合人体工学。

雅马哈 MT-03 搭载的发动机压缩比为 11.2∶1，在 10750 转 / 分时可爆发 30.4 千瓦的最大功率，在 9000 转 / 分时可释放 29.2 牛米的峰值扭矩。该车采用 37 毫米倒置式前叉以及 7 级预载可调中置后减震，阻尼的压缩感和回弹感都很细腻。前制动系统采用 298 毫米单盘搭配双活塞卡钳，后制动系统采用 220 毫米单盘搭配单活塞卡钳，加上标配的双通道防抱死制动系统，使得制动安全性更高。

雅马哈 MT-07

雅马哈 MT-07 是日本雅马哈公司设计制造的一款摩托车，于 2014 年开始量产，官方指导价为人民币 10.98 万元。

雅马哈 MT-07 继承了雅马哈 MT 家族独有的肌肉感出众的外观，饱满的油箱设计和下探的大灯位置都符合当下运动街车的主流设计风格。犀利的尾部设计展现出雅马哈工程师

基本参数 (2021 年款)	
上市时间	2021 年 11 月
类型	街车
发动机	直列双缸四冲程 700cc
变速器	国际 6 挡
长 × 宽 × 高 (毫米)	2085×780×1105
座高	805 毫米
轴距	1400 毫米
整备重量	184 千克
最高车速	214 千米 / 时
主油箱容量	14 升

对街车的独到理解，即便历经多次改款，尾部造型却没有进行过大刀阔斧的改动。雅马哈 MT-07 采用钻石型钢管车架，最小离地间隙为 140 毫米。运动气息十足的分体式座椅能够激发用户的驾驶欲望，座椅后部增加了镂空装饰以提升空气动力学效果，但更多是为了提升视觉效果。

雅马哈 MT-07 搭载的水冷式发动机压缩比为 11.5：1，在 8750 转 / 分时可爆发 54 千瓦的最大功率，在 6500 转 / 分时可释放 67 牛米的峰值扭矩。该摩托车配备湿式多片离合器，采用链条传动。前轮规格为 120/70-ZR17，后轮规格为 180/55-ZR17。

雅马哈 MT-09

雅马哈 MT-09 是日本雅马哈公司设计制造的一款摩托车，于 2014 年开始量产，官方指导价为人民币 12.98 万至 13.98 万元。

基本参数 (2022 年款)	
上市时间	2022 年 7 月
类型	街车
发动机	直列三缸四冲程 900cc
变速器	国际 6 挡
长 × 宽 × 高 (毫米)	2090×795×1190
座高	825 毫米
轴距	1440 毫米
整备重量	189 千克
最高车速	230 千米 / 时
主油箱容量	14 升

雅马哈 MT-09 采用极简主义外观设计风格，前脸造型非常锋利、简洁，灯组采用近远光一体式 LED 光源设计，亮度集中，辨识度极高的 Y 字形设计，点亮之后充满科技感。整车从车头到车尾过渡连贯自然，坐垫设计比较简单，油箱和坐垫交接位置做了收窄处理。脚蹬提供上下两挡调节，能根据不同驾驶者的身高调整到最佳的骑行姿态。雅马哈 MT-09 采用铝合金压铸式车架，外形和一般的铝合金双翼梁车架区别较大。

雅马哈 MT-09 搭载的发动机压缩比为 11.5∶1，使用 95 号汽油，在 10000 转 / 分时可爆发 87.5 千瓦的最大功率，在 7000 转 / 分时可释放 93 牛米的峰值扭矩。该摩托车配备湿式多片滑动离合器，采用链条传动。前轮规格为 120/70-ZR17，后轮规格为 180/55-ZR17。

雅马哈 MT-09 侧前方视角

雅马哈 MT-09 侧面视角

雅马哈 YZF-R3

雅马哈 YZF-R3 是日本雅马哈公司设计制造的一款摩托车，于 2015 年开始量产，官方指导价为人民币 4.38 万元。

雅马哈 YZF-R3 是一款中小排量的跑车，既能满足日常代步的需求，又能提供一定的运动乐趣。其外观沿袭了雅马哈 YZF 系列的家族式风格，拥有冲压进气口和双眼式 LED

基本参数 (2022 年款)	
上市时间	2022 年 9 月
类型	跑车
发动机	直列双缸四冲程 320cc
变速器	国际 6 挡
长 × 宽 × 高（毫米）	2090×728×1140
座高	780 毫米
轴距	1380 毫米
整备重量	167 千克
最高车速	181 千米 / 时
主油箱容量	14 升

大灯。车架采用钻石型钢管结构，前悬架为 37 毫米正立式前叉，后悬架为单筒减震器，提供 7 级预载调节。仪表采用液晶显示屏，可显示速度、转速、里程、油量、水温等信息。

雅马哈 YZF-R3 搭载的发动机压缩比为 11.2 : 1，使用 95 号汽油，在 10750 转 / 分时可爆发 30.4 千瓦的最大功率，在 9000 转 / 分时可释放 28.4 牛米的峰值扭矩。该发动机有着良好的低转扭力和中转动力，还有着不错的高转延展性和爆发力。同时，它还有着非常好的驾驶质感和震动控制，即使在高转速下也不会让驾驶者感到不适或者疲劳。

雅马哈 YZF-R3 侧前方视角

行驶中的雅马哈 YZF-R3

雅马哈 NMAX 155

雅马哈 NMAX 155 是日本雅马哈公司设计制造的一款摩托车，于 2015 年开始量产，官方指导价为人民币 2.78 万元。

雅马哈 NMAX 155 采用流线型车身设计，前大灯和尾灯均采用 LED 光源，造型简洁且富有科技感。前挡风板和侧面护板都为驾驶者提供了良好的挡风效果。后视镜和排气筒

基本参数 (2022 年款)	
上市时间	2022 年 6 月
类型	踏板车
发动机	单缸四冲程 155cc
变速器	无级变速器
长 × 宽 × 高 (毫米)	1935×740×1160
座高	765 毫米
轴距	1340 毫米
整备重量	132 千克
最高车速	120 千米 / 时
主油箱容量	7.1 升

均为黑色，有效增强了该车的运动气息。外观颜色有多种选择，包括红色、黑色、白色、蓝色等。座椅采用皮革包裹，并配有 NMAX 标志和红色缝线。座椅下方的储物空间可以放下一顶成人全盔以及一些随身物品。

雅马哈 NMAX 155 搭载的发动机压缩比为 11.6：1，在 8000 转 / 分时可爆发 11.3 千瓦的最大功率，在 6500 转 / 分时可释放 13.7 牛米的峰值扭矩。该摩托车配备干式离合器，采用皮带传动。低配版配有防抱死制动系统、联动刹车系统、车机互联系统，高配版增加了牵引力控制系统。

雅马哈 XMAX 300

雅马哈 XMAX 300 是日本雅马哈公司设计制造的一款摩托车，于 2017 年开始量产，官方指导价为人民币 4.98 万元。

雅马哈 XMAX 300 在外观方面进行了大胆的创新，X 形状的 LED 大灯、尾灯与激进的前脸造型相得益彰，让人一眼就能认出它的独特风格。车身线条流畅，层次感分明，整

基本参数 (2023 年款)	
上市时间	2023 年 4 月
类型	踏板车
发动机	单缸四冲程 300cc
变速器	无级变速器
长 × 宽 × 高 (毫米)	2185×775×1465
座高	795 毫米
轴距	1540 毫米
整备重量	181 千克
最高车速	129 千米 / 时
主油箱容量	13 升

体造型动感十足，同时也展现出霸气的一面。全车灯光系统采用 LED 光源，转向灯位置在风挡两侧，同时也提供了支持手动调节的风挡。车机为双液晶组合仪表，即 4.2 英寸 TFT 全彩液晶显示屏和 3.2 英寸 LCD 车速表，同时配备了雅马哈 Y-Connect 智能手机互联，以及 USB 充电接口。

雅马哈 XMAX 300 搭载的发动机压缩比为 10.9∶1，使用 92 号汽油，在 7250 转 / 分时可爆发 20.6 千瓦的最大功率，在 5750 转 / 分时可释放 29 牛米的峰值扭矩。该摩托车配备干式离合器，采用皮带传动。前轮规格为 120/70-15，后轮规格为 140/70-14。

雅马哈 Niken GT

雅马哈 Niken GT 是日本雅马哈公司设计制造的一款摩托车，于 2019 年开始量产，官方指导价为人民币 25.8 万元。

雅马哈 Niken GT 采用倒三轮式设计，特殊的车身结构，使其外观造型具有极高的辨识度。宽大的车身轮廓霸气十足，前脸与车身衔接自然，融合了空气动力学设计。犀利的对称

基本参数 (2020 年款)	
上市时间	2020 年 8 月
类型	三轮车
发动机	直列三缸四冲程 850cc
变速器	国际 6 挡
长 × 宽 × 高 (毫米)	2150×885×1425
座高	835 毫米
轴距	1510 毫米
整备重量	267 千克
最高车速	200 千米 / 时
主油箱容量	18 升

式 LED 大灯，内置透镜，提升了整车的照明效果。转向灯位于后视镜两侧。前风挡支持手动调节。车架以及减震细节采用极具质感的古铜色加以点缀，使整车气韵十足。

雅马哈 Niken GT 搭载的发动机压缩比为 11.5：1，在 10000 转 / 分时可爆发 84.6 千瓦的最大功率，在 8500 转 / 分时可释放 87.5 牛米的峰值扭矩。该摩托车配备湿式多片滑动离合器，采用链条传动。前轮规格为 120/70-R15，后轮规格为 190/55-R17。

雅马哈 Niken GT 侧前方视角

雅马哈 Niken GT 在下坡行驶

雅马哈 Tracer 9GT

雅马哈 Tracer 9GT 是日本雅马哈公司设计制造的一款摩托车，于 2020 年开始量产，官方指导价为人民币 13.98 万元。

雅马哈 Tracer 9GT 采用了全新的设计语言，更加时尚和动感。饱满犀利的车头设计，搭配锐利的线条，将整车的层次感烘托得十分到位。前风挡为手动可调式，可以根据骑行

基本参数 (2023 年款)	
上市时间	2023 年 5 月
类型	旅行车
发动机	直列三缸四冲程 900cc
变速器	国际 6 挡
长 × 宽 × 高 (毫米)	2175×885×1470
座高	820 毫米
轴距	1500 毫米
整备重量	220 千克
最高车速	230 千米 / 时
主油箱容量	19 升

需求调节高度和角度。钻石型框架车身和铝合金后摇臂的组合，具有较高的结构强度和刚性，能够提供优异的操控性能和驾驶体验。全车灯光系统采用 LED 光源，兼顾远近光照明以及弯道辅助照明，保证了夜间行驶的可视性。

雅马哈 Tracer 9GT 搭载的发动机压缩比为 11.5：1，在 10000 转 / 分时可爆发 87.5 千瓦的最大功率，在 7000 转 / 分时可释放 93 牛米的峰值扭矩。该发动机拥有强劲的扭矩输出和平顺的加速性能，可以轻松驾驭各种路况，并在不同车速下进行行驶。同时，它也具有良好的燃油经济性和环保性，油耗仅为 4.2 升 / 百公里。

雅马哈 Tracer 9GT 侧前方视角

雅马哈 Tracer 9GT 侧面视角

雅马哈 Tracer 900GT

雅马哈 Tracer 900GT 是日本雅马哈公司设计制造的一款摩托车，于 2018 年开始量产。

雅马哈 Tracer 900GT 采用了类似探险车的外观造型，具有较高的辨识度。细长的双 LED 大灯就像一双炯炯有神的眼睛。大灯下方的进气孔给车辆增添了几分层次感。车身侧面和车尾部分的线条颇具肌肉感。

基本参数 (2020 年款)	
上市时间	2020 年 11 月
类型	旅行车
发动机	直列三缸四冲程 900cc
变速器	国际 6 挡
长 × 宽 × 高 (毫米)	2160×850×1375
座高	850 毫米
轴距	1500 毫米
整备重量	215 千克
最高车速	225 千米 / 时
主油箱容量	18 升

该摩托车使用铝制车架，通过铝压铸技术打造，减少了车架厚度，车架最薄的地方仅有 1.7 毫米。

雅马哈 Tracer 900GT 搭载的发动机压缩比为 11.5：1，在 7500 转 / 分时可爆发 67.4 千瓦的最大功率，在 7500 转 / 分时可释放 85.8 牛米的峰值扭矩。该摩托车配备湿式多片滑动离合器，采用链条传动。前轮规格为 120/70-ZR17，后轮规格为 180/55-ZR17。前制动系统为 298 毫米双碟盘搭配对向四活塞辐射式卡钳，后制动系统为 245 毫米单碟搭配单向单活塞卡钳。

雅马哈 XS900R

雅马哈 XS900R 是日本雅马哈公司设计制造的一款摩托车，于 2021 年开始量产，官方指导价为人民币 13.28 万元。

雅马哈 XS900R 的外观设计充满复古韵味，醒目的金色前悬架与车身的颜色形成极强的视觉对比，强化了整车的运动感。轻量化铝制框架车身，优化了纵向、横向的刚度，增

基本参数 (2021 年款)	
上市时间	2021 年 5 月
类型	复古车
发动机	直列三缸四冲程 900cc
变速器	国际 6 挡
长 × 宽 × 高 (毫米)	2075×815×1140
座高	830 毫米
轴距	1440 毫米
整备重量	195 千克
最高车速	210 千米 / 时
主油箱容量	14 升

强了直线行驶的稳定性。油箱设计以及外露的框架和侧面轮廓都吸收了赛车的设计灵感，线条非常硬朗。尾灯与后座融为一体，造型简洁。转向灯位于牌照架两侧。

雅马哈 XS900R 搭载的发动机压缩比为 11.5 : 1，在 10000 转 / 分时可爆发 84.6 千瓦的最大功率，在 8500 转 / 分时可释放 87.5 牛米的峰值扭矩。该摩托车配备湿式多片离合器，采用链条传动。前轮规格为 120/70-ZR17，后轮规格为 180/55-ZR17。

雅马哈 T700S

雅马哈 T700S 是日本雅马哈公司设计制造的一款摩托车，于 2023 年开始量产，官方指导价为人马 10.98 万元。

雅马哈 T700S 的外观设计借鉴了拉力赛车的经典元素，前方四颗圆形 LED 大灯非常显眼，同时也为车辆增添了科技感。仪表完全照搬拉力赛车，采用了竖屏设计。车身造型硬

基本参数 (2023 年款)	
上市时间	2023 年 5 月
类型	探险车
发动机	直列双缸四冲程 700cc
变速器	国际 6 挡
长 × 宽 × 高（毫米）	2364×914×1455
座高	879 毫米
轴距	1590 毫米
整备重量	205 千克
最高车速	220 千米 / 时
主油箱容量	16 升

朗，前后大尺寸辐条轮毂的加持，让整车野性十足。车架采用轻量化设计，兼具刚性与韧性，240 毫米的最小离地间隙，为应对各种恶劣地形打下了基础。

雅马哈 T700S 搭载的水冷式发动机压缩比为 $11.5:1$，在 9000 转 / 分时可爆发 54 千瓦的最大功率，在 6500 转 / 分时可释放 68 牛米的峰值扭矩。该车配备湿式多片离合器，采用链条传动。前轮规格为 90/90-R21，后轮规格为 150/70-R18。

第 5 章　中国品牌摩托车

　　与欧美发达国家相比，我国摩托车行业发展起步较晚，但随着城镇化和居民消费水平的日益提升，我国摩托车行业发展迅速，截至目前已达到数千万辆的行业规模，成为全球摩托车市场的主要产销国之一。

奔达 LFC700 燎

奔达 LFC700 燎是中国浙江长铃奔健机车有限公司设计制造的一款摩托车，于 2020 年开始量产，官方指导价为人民币 4.58 万至 4.68 万元。

奔达 LFC700 燎的外观设计非常前卫和个性，它采用了全 LED 灯组和全液晶仪表盘，科技感十足。其车身线条流畅且硬朗，呈现一种未来感和肌肉感。车架采用全铝合金材质、一体成型工艺，重量轻而强度高。该摩托车还采用了车头冲压进气的设计，提升了进气效率和散热效果，也增加了车头的立体感和力量感。

基本参数 (2021 年款)	
上市时间	2021 年 7 月
类型	巡航车
发动机	直列四缸四冲程 700cc
变速器	国际 6 挡
长 × 宽 × 高 (毫米)	2430×880×1110
座高	695 毫米
轴距	1720 毫米
整备重量	235 千克
最高车速	170 千米 / 时
主油箱容量	20 升

奔达 LFC700 燎搭载的水冷式发动机压缩比为 11.6：1，使用 95 号汽油。标准版的最大功率为 63 千瓦（10000 转 / 分），峰值扭矩为 60 牛米（8000 转 / 分）。高功率版的最大功率为 69 千瓦（11000 转 / 分），峰值扭矩为 63 牛米（8500 转 / 分）。该车的发动机采用双重平衡轴技术，有效降低了震动和噪声，提高了驾驶舒适性。与发动机匹配的是国际 6 挡变速箱和湿式多片离合器，高功率版还配备了滑动离合器。

奔达金吉拉 BD300-15

奔达金吉拉 BD300-15 是中国浙江长铃奔健机车有限公司设计制造的一款摩托车，于 2020 年开始量产，官方指导价为人民币 1.998 万至 2.298 万元。

奔达金吉拉 BD300-15 整车轮廓硬朗大气，采用低位直把、前置脚踏的组合。利用精致工艺雕琢的水滴形油箱，搭配隆起高脊设计，创造出 15

基本参数 (2022 年款)	
上市时间	2022 年
类型	巡航车
发动机	V 型双缸四冲程 300cc
变速器	国际 6 挡
长 × 宽 × 高 (毫米)	2120×836×1050
座高	690 毫米
轴距	1420 毫米
整备重量	170 千克
最高车速	129 千米 / 时
主油箱容量	15 升

升的超大容量。Bobber 风格的短尾坐垫，可满足单人骑行的舒适感和运动感，也可实现双人短途乘坐。LED 大灯的灯面采用非对称式布局，并布置了环形灯廓，同时还采用了罕见的俯压式设计，保证造型一体感，并提供了角度极佳的路面照射能力。悬浮式高位圆形 LED 尾灯，具有极佳的视觉效果。

奔达金吉拉搭载的水冷式发动机压缩比为 11.5∶1，使用 95 号汽油，在 8500 转 / 分时可爆发 22.5 千瓦的最大功率，在 7000 转 / 分时可释放 25.3 牛米的峰值扭矩。该摩托车配备湿式多片滑动离合器，采用皮带传动。前轮规格为 120/80-16，后轮规格为 150/80-15。

春风 1250TR-G

春风 1250TR-G 是中国浙江春风动力股份有限公司设计制造的一款摩托车，于 2020 年开始量产，官方指导价为人民币 9.998 万至 10.998 万元。

春风 1250TR-G 采用一体式车身设计，线条简约流畅，勾勒出独树一帜的车身形态。前脸造型霸气十足，家族式轮廓层次感分明。势如猛禽般的

基本参数（2023 年款）	
上市时间	2023 年 5 月
类型	旅行车
发动机	V 型双缸四冲程 1250cc
变速器	国际 6 挡
长 × 宽 × 高（毫米）	2271×982×1516
座高	820 毫米
轴距	1482 毫米
整备重量	304 千克
最高车速	220 千米 / 时
主油箱容量	23 升

设计元素，为整车注入了一股强烈的阳刚之气。43.3 升的大容量储物边箱容纳两顶全盔的同时，也能与整车设计和谐相融。该摩托车搭载独立功放环绕立体声的 JBL 音响系统，使音乐与沿途风景完美融合。手把以及座椅的加热功能，能够满足冬日旅行的需要。

春风 1250TR-G 搭载的水冷式发动机压缩比为 12.5∶1，使用 95 号汽油，在 8500 转 / 分时可爆发 105 千瓦的最大功率，在 7000 转 / 分时可释放 120 牛米的峰值扭矩。该摩托车配备了 12.3 英寸汽车级 LTPS 高清仪表，支持蓝牙、导航、坡道辅助、盲区监测、变道辅助、碰撞预警等功能，以及无级可调电控风挡、无钥匙启动、定速巡航、双向快排等配置。

春风 800MT

春风 800MT 是中国浙江春风凯特摩机车有限公司设计制造的一款摩托车，于 2021 年开始量产，官方指导价为人民币 5.768 万至 6.98 万元。

春风 800MT 外观雄伟大气，没有采用探险车常见的鸟嘴造型，车身线条非常饱满，肌肉感十足。车头部分设计非常协调，贯穿式的大灯造型与风挡下部相呼应，

基本参数 (2023 年款)	
上市时间	2023 年 5 月
类型	探险车
发动机	直列双缸四冲程 800cc
变速器	国际 6 挡
长 × 宽 × 高 (毫米)	2340×910×1340
座高	825 毫米
轴距	1531 毫米
整备重量	248 千克
最高车速	190 千米 / 时
主油箱容量	19 升

汇入车头处的护杠也很好地融入车身线条。尾部采用十分粗壮的高位排气管，既符合该车的目标定位，也有利于车辆力量感的塑造。

春风 800MT 搭载的直列双缸水冷式发动机是春风与 KTM 合作开发，压缩比为 12.7∶1，使用 95 号汽油，在 9000 转 / 分时可爆发 70 千瓦的最大功率，在 7500 转 / 分时可释放 77 牛米的峰值扭矩。该摩托车配备湿式多片滑动离合器，采用链条传动。前轮规格为 110/80-ZR19，后轮规格为 150/70-ZR17。春风 800MT 采用电子油门，实现了动力装置电子化管理，并拥有雨天和运动两种驾驶模式。

大阳 V 锐 ADV350

大阳 V 锐 ADV350 是中国洛阳北方易初摩托车有限公司设计制造的一款摩托车，于 2021 年开始量产，官方指导价为人民币 2.799 万至 3.199 万元。

大阳 V 锐 ADV350 是一款跨界踏板车，探险车风格的硬朗外观，质感十足的烤漆件，加上尖锐的小鸟嘴，多功能使用的龟背胎，充分体现了该公

基本参数 (2022 年款)	
上市时间	2022 年 4 月
类型	踏板车
发动机	单缸四冲程 350cc
变速器	无级变速器
长 × 宽 × 高 (毫米)	2306×820×1343
座高	755 毫米
轴距	1548 毫米
整备重量	208 千克
最高车速	138 千米 / 时
主油箱容量	17.4 升

司对探险车的理解。车尾部分没有进行收拢的运动化处理，也没有圆润线条进行过渡，显得非常粗犷。犀利且凶狠的分体式 LED 大灯是该车的一大亮点，独立于灯体的刀锋式日间行车灯也起到了画龙点睛的作用。该摩托车配备了灯光随动转向系统，能够根据转向角度自动调节大灯的偏转角度，以便提前照亮转向区域，避免进入转弯"盲区"，为夜间驾驶提供全方位的安全照明，大大提升了夜间行车安全性。

大阳 V 锐 ADV350 搭载的水冷式发动机在 7000 转 / 分时可爆发 21.7 千瓦的最大功率，在 5500 转 / 分时可释放 33.5 牛米的峰值扭矩。该摩托车配备干式离合器，采用皮带传动。前轮规格为 120/70-14，后轮规格为 150/70-13。

大阳 VRC150

大阳 VRC150 是中国洛阳北方易初摩托车有限公司设计制造的一款摩托车，于 2022 年开始量产，官方指导价为人民币 1.509 万至 2.009 万元。

大阳 VRC150 采用城市跨界运动风格，拥有探险车的独特外观，同时兼具了踏板车的便利性，"剑眉鹰目"的前脸造型极具辨识度。灯光系统采

基本参数 (2022 年款)	
上市时间	2022 年 4 月
类型	踏板车
发动机	单缸四冲程 150cc
变速器	无级变速器
长 × 宽 × 高 (毫米)	1938×740×1239
座高	770 毫米
轴距	1359 毫米
整备重量	148 千克
最高车速	115 千米 / 时
主油箱容量	9.2 升

用全 LED 光源配置，同时配备灯光随动转向系统、紧急刹车灯系统。仪表采用 7 英寸 TFT 全彩液晶显示屏，旗舰版车型拥有导航投屏、手机互联等功能。

大阳 VRC150 搭载一台水冷式发动机，使用 92 号汽油，在 8500 转 / 分时可爆发 12.1 千瓦的最大功率，在 6500 转 / 分时可释放 14.6 牛米的峰值扭矩。该摩托车配备干式离合器，采用皮带传动。前轮规格为 110/80-12，后轮规格为 130/70-12。轮毂为铝合金铸造式，轮胎为全地形轮胎，能够更好地满足城市骑行需要。

大运 STS400C

大运 STS400C 是中国广州大运摩托车有限公司设计制造的一款摩托车，于 2021 年开始量产，官方指导价为人民币 2.398 万至 2.5999 万元。

大运 STS400C 结合了复古车和巡航车的风格，外观造型比较粗犷，裸露的钢管编织车架看起来很有力量感。车身采用了轻量化设计，搭配很多铝

基本参数 (2022 年款)	
上市时间	2022 年 1 月
类型	复古车
发动机	直列双缸四冲程 400cc
变速器	国际 6 挡
长 × 宽 × 高 (毫米)	2080×775×1125
座高	780 毫米
轴距	1395 毫米
整备重量	185 千克
最高车速	160 千米 / 时
主油箱容量	16 升

合金材质的配件，使整备重量仅有 185 千克。全车灯具呈现明显的运动街车风格设计，大灯采用多边形造型，远光、近光、位置灯均采用 LED 光源。尾灯设计相对简单，呈点状排列，与座椅结合，充满复古韵味。

大运 STS400C 搭载的水冷式发动机压缩比为 10.5：1，在 9000 转 / 分时可爆发 31 千瓦的最大功率，在 6500 转 / 分时可释放 35 牛米的峰值扭矩，官方公布的平均油耗为 3.8 升 / 百公里。该摩托车配备湿式多片滑动离合器，采用链条传动。前轮规格为 110/70-17，后轮规格为 150/60-17。轮胎采用新型橡胶材料配比，可实现抓地力和耐磨性的完美平衡，轮胎湿地性能和低温抓地性能均得到有效提升。

大运 PTG300X

大运 PTG300X 是中国广州大运摩托车有限公司设计制造的一款摩托车，于 2021 年开始量产，官方指导价为人民币 2.098 万元。

大运 PTG300X 的外观设计与大运之前推出的"天䨱"系列没有太大的区别，全新设计的大灯采用上下分层的造型设计，上层为反光碗，下层为

基本参数 (2021 年款)	
上市时间	2021 年 7 月
类型	探险车
发动机	单缸四冲程 300cc
变速器	国际 6 挡
长 × 宽 × 高 (毫米)	2047×780×1321
座高	780 毫米
轴距	1335 毫米
整备重量	170 千克
最高车速	130 千米 / 时
主油箱容量	16 升

透镜，造型新颖、时尚，两侧对称分布的 LED 导光条，使大灯整体更具科技感。大运 PTG300X 的车头采用了拉力车标志性的鸟嘴设计。

大运 PTG300X 搭载的水冷式发动机压缩比为 11：1，在 8000 转 / 分时可爆发 19.5 千瓦的最大功率，在 6500 转 / 分时可释放 27.3 牛米的峰值扭矩。该摩托车配备湿式多片离合器，采用链条传动。前轮规格为 110/70-17，后轮规格为 140/70-17。轮胎为正新全地形轮胎，比普通轮胎拥有更深的轮纹，能够同时满足公路驾驶和非铺装路面行驶。

豪爵 XCR300

豪爵 XCR300 是中国常州豪爵铃木摩托车有限公司设计制造的一款摩托车，于 2021 年开始量产，官方指导价为人民币 2.798 万元。

豪爵 XCR300 从"次元文化"中汲取灵感，以跨界融合为设计理念，为追求骑行乐趣的新生代量身造。该摩托车以简洁线条，勾勒出精悍、干练

基本参数（2022 年款）	
上市时间	2021 年 10 月
类型	街车
发动机	直列双缸四冲程 300cc
变速器	国际 6 挡
长 × 宽 × 高（毫米）	2110×770×1100
座高	785 毫米
轴距	1420 毫米
整备重量	179 千克
最高车速	136 千米 / 时
主油箱容量	16 升

的车体。性感的短尾造型，使重心更加集中，时刻蓄势待发。充满科幻感的机甲大灯，透射出一股神秘感。两侧的星际战机导流口，与追求平衡美学的双排气上下呼应，搭配金色倒置前减震，更显科技感。坐垫采用真空成型工艺，蒙皮与垫芯融为一体，杜绝悬空，造型利落现代。"XCR"标识如同镶嵌在坐垫之上，衬以暗格、磨砂双工艺表面，质感十足。

豪爵 XCR300 搭载的水冷式发动机压缩比为 11.5：1，使用 95 号汽油，在 8500 转 / 分时可爆发 21.5 千瓦的最大功率，在 6500 转 / 分时可释放 27.8 牛米的峰值扭矩，官方公布的平均油耗为 3.14 升 / 百公里。该摩托车配备湿式多片滑动离合器，采用链条传动。前轮规格为 110/70-R17，后轮规格为 140/70-R17。

豪爵 XCR300 大灯点亮效果

豪爵 XCR300 尾灯点亮效果

豪爵 UHR150

豪爵 UHR150 是中国江门市大长江集团有限公司设计制造的一款摩托车，于 2022 年开始量产，官方指导价为人民币 1.768 万至 1.888 万元。

豪爵 UHR150 飘逸灵动的造型，配以神秘的 LED 车灯、科幻的液晶仪表，使整车充满亲和力。强劲的水冷式发动机、双通道防抱死制动系统、无钥

基本参数 (2022 年款尾箱版)	
上市时间	2022 年 3 月
类型	踏板车
发动机	单缸四冲程 150cc
变速器	无级变速器
长 × 宽 × 高 (毫米)	2125×755×1225
座高	760 毫米
轴距	1315 毫米
整备重量	144 千克
最高车速	100 千米 / 时
主油箱容量	8 升

匙起动、静音自动启停等众多高级配置，无论日常骑行还是休闲娱乐，都让驾驶者感到十分惬意。扶手版标配高强复合材料后扶手，做工精致，手感温润。尾箱版标配原厂铝合金货架，其蝶形承载面可直接安装 39 升快拆尾箱，尾箱内部可容纳一顶成人全盔。

豪爵 UHR150 搭载的发动机压缩比为 10.6：1，使用 92 号汽油，在 8500 转 / 分时可爆发 10.6 千瓦的最大功率，在 6500 转 / 分时可释放 14.2 牛米的峰值扭矩。该摩托车配备干式离合器，采用皮带传动。前轮规格为 110/80-14，后轮规格为 130/70-14。

嘉陵 CoCo 边三轮

嘉陵 CoCo 边三轮是中国重庆嘉陵嘉鹏工业有限公司设计制造的一款摩托车，于 2021 年开始量产，官方指导价为人民币 1.518 万元。

嘉陵 CoCo 边三轮是基于嘉陵 CoCo 弯梁车打造的三轮摩托车，整车外观并没有因为边斗的加入而变得不协调，反而因为圆润边斗的加入增色

基本参数 (2022 年款)	
上市时间	2022 年 8 月
类型	三轮车
发动机	单缸四冲程 125cc
变速器	循环 4 挡
长 × 宽 × 高 (毫米)	1810×1340×1010
座高	750 毫米
轴距	1180 毫米
整备重量	145 千克
最高车速	60 千米 / 时
主油箱容量	3.5 升

不少。边斗采用碳纤维和玻璃钢的复合材料打造，重量只有 20 千克，强度高，抗剐蹭。车灯方面，保留了经典的橘黄色和红色灯罩，除了转向灯之外，大灯、尾灯、边斗尾灯、边斗辅助照明灯均为 LED 灯。

嘉陵 CoCo 边三轮搭载的风冷式发动机使用 92 号汽油，在 7000 转 / 分时可爆发 6.2 千瓦的最大功率，在 5000 转 / 分时可释放 9.2 牛米的峰值扭矩。该车配备湿式离合器，采用链条传动。该摩托车采用了三轮同尺寸的规格，均为 16 英寸的钢丝辐条轮毂。制动方面，采用了老式的鼓刹，调节起来比较方便，即使是力气小的女性车主也能徒手拧动调节螺丝。

嘉陵 CoCo SVR180

嘉陵 CoCo SVR180 是中国重庆嘉陵嘉鹏工业有限公司设计制造的一款摩托车，于 2022 年开始量产，官方指导价为人民币 1.268 万至 1.368 万元。

嘉陵 CoCo SVR180 采用了与一般弯梁车区别较大的跑车运动设计风格，拥有造型犀利的车头、全包围的车身、俯冲式的车身侧面线条、大幅上翘的车尾以及鲜艳的配色。该摩托车采用双 LED 大灯，并且配备了嵌入式前转向灯。在车头小巧的导流罩边缘，设置了日间行车灯。嘉陵 CoCo SVR180 配备了 5 英寸全彩 TFT 仪表，提供两种背光切换功能。

基本参数（2022 年款）	
上市时间	2022 年 6 月
类型	弯梁车
发动机	单缸四冲程 175cc
变速器	国际 6 挡
长 × 宽 × 高（毫米）	1970×715×1070
座高	760 毫米
轴距	1288 毫米
整备重量	120 千克
最高车速	108 千米 / 时
主油箱容量	6.5 升

嘉陵 CoCo SVR180 搭载的水冷式发动机压缩比为 11.3∶1，使用 92 号汽油，在 8500 转 / 分时可爆发 12.5 千瓦的最大功率，在 7500 转 / 分时可释放 15.5 牛米的峰值扭矩，官方公布的平均油耗为 1.5 升 / 百公里。该摩托车配备湿式多片离合器，采用链条传动。前轮规格为 90/80-17，后轮规格为 130/70-17。

力帆 KPT400

力帆 KPT400 是中国力帆科技（集团）股份有限公司设计制造的一款摩托车，于 2021 年开始量产，官方指导价为人民币 2.998 万至 3.298 万元。

力帆 KPT400 的外观设计打破了常规，不再沿用探险车标志性的鸟嘴设计，转而采用平头设计。该摩托车配备了尺寸较大的 TFT 全彩液晶仪表，

基本参数 (2022 年款)	
上市时间	2021 年 9 月
类型	探险车
发动机	直列双缸四冲程 400cc
变速器	国际 6 挡
长 × 宽 × 高 (毫米)	2105×845×1420
座高	800 毫米
轴距	1416 毫米
整备重量	211 千克
最高车速	158 千米 / 时
主油箱容量	18.5 升

除了常规数据显示之外，还支持胎压监测、平均油耗、续航里程等信息显示，并且带有时下流行的投屏功能，颜色和分辨率都有不错的显示效果。该摩托车加入了力帆机车卫士智能终端 3.0 系统，通过力帆摩托 App 可实现人车互联、社交分享等功能。

力帆 KPT400 搭载的水冷式发动机压缩比为 11.5：1，使用 95 号汽油，在 9500 转 / 分时可爆发 31.5 千瓦的最大功率，在 7500 转 / 分时可释放 35 牛米的峰值扭矩。该摩托车配备湿式多片离合器，采用链条传动。前轮规格为 110/70-R17，后轮规格为 160/60-R17。力帆 KPT400 的油箱容量高达 18.5 升，单次加油续航里程可达 500 公里，足以满足长途骑行的需求。

力帆 KP350

力帆 KP350 是中国力帆科技（集团）股份有限公司设计制造的一款摩托车，于 2019 年开始量产，官方指导价为人民币 1.998 万至 2.168 万元。

力帆 KP350 是力帆 KP 系列里首款 350cc 排量的车型，其延续了 KP 系列车型惹眼的外观造型。车头采用仿生学设计，线条流畅、棱角分明，如

基本参数 (2023 年款)	
上市时间	2023 年 4 月
类型	街车
发动机	直列双缸四冲程 350cc
变速器	国际 6 挡
长 × 宽 × 高 (毫米)	2055×765×1190
座高	790 毫米
轴距	1410 毫米
整备重量	187 千克
最高车速	125 千米 / 时
主油箱容量	15 升

荒野猛兽，蓄势待发。隐藏式下置消声器外形简洁，美观大方。15 升超大容量油箱，显得硬挺饱满、棱角分明，给人强烈视觉冲击之余，也能够消除续航忧虑，为骑行者保驾护航。

力帆 KP350 搭载的水冷式发动机压缩比为 11.5：1，使用 92 号汽油，在 8500 转 / 分时可爆发 21 千瓦的最大功率，在 5500 转 / 分时可释放 28.5 牛米的峰值扭矩，官方公布的平均油耗为 2.5 升 / 百公里。该摩托车搭载力帆与联合汽车电子有限公司共同研发的智能电喷，可调节发动机负荷，能适应高温、低温、高原等多种恶劣环境。

力帆 KPV150

力帆 KPV150 是中国力帆科技（集团）股份有限公司设计制造的一款摩托车，于 2020 年开始量产，官方指导价为人民币 1.368 万至 1.6298 万元。

力帆 KPV150 采用时尚的运动造型设计，整车线条流畅，外观设计简洁大方。前脸采用了 LED 大灯，照明效果非常出色，同时还配备了 LED 转

基本参数 (2023 年款 KPV150 Pro ABS 智享版)	
上市时间	2023 年 3 月
类型	踏板车
发动机	单缸四冲程 150cc
变速器	无级变速器
长 × 宽 × 高 (毫米)	1925×760×1290
座高	770 毫米
轴距	1320 毫米
整备重量	152 千克
最高车速	115 千米 / 时
主油箱容量	11 升

向灯和 LED 尾灯。车把采用了人体工程学设计，握感非常舒适，让人在长时间骑行中也不会感到疲劳。同时，它还配备了一套液晶仪表盘，可以显示车速、转速、油量和行驶里程等信息，方便驾驶者及时了解车辆状态。

力帆 KPV150 搭载的水冷式发动机压缩比为 11.2∶1，使用 92 号汽油，在 8500 转 / 分时可爆发 12.2 千瓦的最大功率，在 6500 转 / 分时可释放 14.7 牛米的峰值扭矩，官方公布的平均油耗为 2.5 升 / 百公里。该发动机具有出色的动力输出和燃油经济性，可以满足驾驶者在城市和郊区的各种需求。力帆 KPV150 配备干式离合器，采用皮带传动。前轮规格为 100/80-ZR14，后轮规格为 120/70-14。

隆鑫 200AC

隆鑫 200AC 是中国隆鑫通用动力股份有限公司设计制造的一款摩托车，于 2019 年开始量产，官方指导价为人民币 1.48 万元。

隆鑫 200AC 采用毛毛虫座椅、圆形大灯和水滴形油箱等标准复古设计，同时在仪表和后视镜上加入了棱角，显得更具质感。整车线条流畅，轮廓

基本参数 (2019 年款)	
上市时间	2019 年
类型	复古车
发动机	单缸四冲程 200cc
变速器	国际 6 挡
长 × 宽 × 高 (毫米)	2005×800×1080
座高	795 毫米
轴距	1345 毫米
整备重量	150 千克
最高车速	115 千米 / 时
主油箱容量	15 升

圆润，给人一种憨厚的踏实感。配置方面，隆鑫 200AC 采用全液晶仪表盘，数据清晰易读，具有挡位显示功能。前大灯和车尾灯均采用 LED 光源。

隆鑫 200AC 搭载的风冷式发动机压缩比为 9：1，使用 92 号汽油，在 8000 转 / 分时可爆发 12.5 千瓦的最大功率，在 6000 转 / 分时可释放 17 牛米的峰值扭矩，官方公布的平均油耗为 1.8 升 / 百公里。该摩托车配备湿式多片离合器，采用链条传动。前轮规格为 100/80-R17，后轮规格为 130/70-R17。

QJMotor 骁 750

QJMotor 骁 750 是中国浙江钱江摩托股份有限公司设计制造的一款摩托车，于 2020 年开始量产，官方指导价为每辆 4.99 万至 5.77 万元。

QJMotor 骁 750 的鸟嘴造型与油箱外罩的一体化设计，让整车看上去更有肌肉感和力量感。车身采用高背双层油箱结构，中部相对下沉，在视觉

基本参数 (2021 年款越野三箱版)	
上市时间	2020 年 9 月
类型	探险车
发动机	直列双缸四冲程 750cc
变速器	国际 6 挡
长 × 宽 × 高 (毫米)	2340×950×1390
座高	825 毫米
轴距	1540 毫米
整备重量	256 千克
最高车速	200 千米 / 时
主油箱容量	18.5 升

上有一种灵动驾驭的时尚感。辐条轮毂和全地形轮胎的组合，呈现强烈的越野气息。

QJMotor 骁 750 搭载的发动机压缩比为 11.5∶1，在 9000 转 / 分时可爆发 60 千瓦的最大功率，在 6500 转 / 分时可释放 67 牛米的峰值扭矩。该摩托车配备湿式多片滑动离合器，采用链条传动。公路版的前轮规格为 120/70-ZR17，后轮规格为 180/55-ZR17，采用倍耐力 Angel GT 真空轮胎。越野版的前轮规格为 110/80-R19，后轮规格为 150/70-R17，采用玛吉斯 MaxxVenture 真空轮胎。

QJMotor 赛 600

QJMotor 赛 600 是中国浙江钱江摩托股份有限公司设计制造的一款摩托车，于 2022 年开始量产，官方指导价为人民币 4.99 万至 5.0999 万元。

QJMotor 赛 600 锐利的前灯、流线型的车身以及尾部上翘的排气管等元素，给人一种锐利而凌厉的感觉。车身涂装主打红色，并以金色线条作为点缀。

基本参数 (2023 年款)	
上市时间	2023 年 2 月
类型	跑车
发动机	直列四缸四冲程 600cc
变速器	国际 6 挡
长 × 宽 × 高 (毫米)	2130×775×1150
座高	790 毫米
轴距	1460 毫米
整备重量	213 千克
最高车速	192 千米 / 时
主油箱容量	18 升

点缀。车身侧面整流罩采用全包式设计，钢管车架被包裹得非常严实。

QJMotor 赛 600 搭载的水冷式发动机在 11500 转 / 分时可爆发 65 千瓦的最大功率，在 10500 转 / 分时可释放 56 牛米的峰值扭矩。该摩托车配备湿式多片滑动离合器，采用链条传动。前轮规格为 120/70-ZR17，后轮规格为 180/55-ZR17。前制动系统为 320 毫米双浮动碟搭配布雷博四活塞卡钳，后制动系统为 260 毫米单固定碟搭配布雷博双活塞卡钳，前后轮均标配防抱死制动系统。

宗申 250R

宗申 250R 是中国重庆宗申产业集团有限公司设计制造的一款摩托车，于 2019 年开始量产，官方指导价为人民币 1.48 万元。

宗申 250R 在外观设计上，采用了犀利、锋锐的车身轮廓，并引入诸多潮玩元素，凸显其个性、运动、时尚的产品属性。该摩托车在车身尺寸方面最大

基本参数 (2021 年款)	
上市时间	2021 年 4 月
类型	街车
发动机	单缸四冲程 250cc
变速器	国际 6 挡
长 × 宽 × 高 (毫米)	2025×800×1070
座高	775 毫米
轴距	1355 毫米
整备重量	150 千克
最高车速	115 千米 / 时
主油箱容量	13 升

限度地贴合了国人的体型，可以满足各种人群的驾控需求，具备良好的上手特性。在光源与驾控配置方面，宗申 250R 充分考虑了运动化与实用化的产品诉求，其全车灯具均采用 LED 光源，具备长寿命与高亮度的双重特性。此外，该摩托车还采用了一体式变径手把，并在表面引入亚光喷涂，不但可以实现不同状态下的骑行需求，同时也提升了其运动化的视觉美感。

宗申 250R 搭载的油冷式发动机压缩比为 9.2∶1，使用 92 号汽油，在 8000 转 / 分时可爆发 14 千瓦的最大功率，在 6000 转 / 分时可释放 18 牛米的峰值扭矩，加速至 100 千米 / 时仅需 6.8 秒。该摩托车配备湿式多片离合器，采用链条传动。前轮规格为 100/80-17，后轮规格为 140/70-17。

宗申 150X

宗申 150X 是中国重庆宗申产业集团有限公司设计制造的一款摩托车，于 2021 年开始量产，官方指导价为人民币 1.426 万元。

宗申 150X 的排量较小，但其外观设计颇具拉力车风范，双色相拼的配色很符合年轻消费者的品位。车头风挡虽不可调，但高度满足大部分使

基本参数 (2021 年款)	
上市时间	2021 年
类型	探险车
发动机	单缸四冲程 150cc
变速器	国际 5 挡
长 × 宽 × 高 (毫米)	2095×830×1295
座高	780 毫米
轴距	1380 毫米
整备重量	171 千克
最高车速	100 千米 / 时
主油箱容量	14 升

用条件，顶部和两侧还有导流设计，帮助降低风阻。大灯采用卤素光源，能够满足城市道路使用需求。仪表采用机械指针、液晶屏的组合，仪表右侧设有 USB 充电接口。

宗申 150X 搭载的水冷式发动机使用 92 号汽油，在 8500 转 / 分时可爆发 10 千瓦的最大功率，在 7000 转 / 分时可释放 12.5 牛米的峰值扭矩。该摩托车配备干 / 湿式离合器，采用皮带 / 轴传动，前轮规格为 100/80-R17，后轮规格为 120/80-R17。

参 考 文 献

[1] 帕斯卡尔.风中摇滚：哈雷戴维森摩托车鉴赏 [M].北京：机械工业出版社，2021.

[2] 英国 DK 出版社.DK 摩托车全书 [M].北京：北京航空航天大学出版社，2020.

[3] 路易吉·科尔贝塔.童轲炜、汪晶泽逐风机器：世界经典摩托车鉴赏 [M].北京：机械工业出版社，2020.

[4] 罗伯特·威克斯、蔡明德、金剑泽.探险摩托车打造 [M].北京：机械工业出版社，2017.

世界文化鉴赏系列

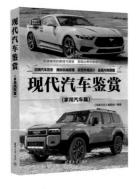